늦깎이 목사의

100세 시대 팔복

늦깎이 목사의 100세 시대 팔복

발행일   2022년 9월 5일

지은이   박춘환
펴낸이   손형국
펴낸곳   (주)북랩
편집인   선일영   편집   정두철, 배진용, 김현아, 박준, 장하영
디자인   이현수, 김민하, 김영주, 안유경, 신혜림   제작   박기성, 황동현, 구성우, 권태련
마케팅   김회란, 박진관
출판등록   2004. 12. 1(제2012-000051호)
주소   서울특별시 금천구 가산디지털 1로 168, 우림라이온스밸리 B동 B113~114호, C동 B101호
홈페이지   www.book.co.kr
전화번호   (02)2026-5777   팩스   (02)2026-5747

ISBN   979-11-6836-479-0 03230 (종이책)   979-11-6836-480-6 05230 (전자책)

(주)북랩 성공출판의 파트너
북랩 홈페이지와 패밀리 사이트에서 다양한 출판 솔루션을 만나 보세요!
홈페이지 book.co.kr   •   블로그 blog.naver.com/essaybook   •   출판문의 book@book.co.kr

박춘환 목사의 인생 제언

늦깎이 목사의

100세 시대 팔복

박춘환 지음

늦깎이 목사가 들려주는 여덟 가지 福

🐟 북랩

존경하는 박춘환 목사님께서 두 번째 책을 쓰셨기에 기쁜 마음으로 추천의 글을 올립니다. 첫 번째 쓰신 책 『늦깎이 목사의 목회여담』으로 주변의 목회자와 독자들에게 좋은 평가를 받으셨습니다. 글 쓰는 작가 목사님으로 첫발을 내딛게 된 의미 깊은 책이었습니다. 그리고 이번에 두 번째 쓰신 책의 원고를 보면서 더욱더 감사한 점은 첫 번째 책보다 훨씬 더 발전된 내용이었습니다. 독자들에게 유익한 양서가 될 것으로 마음 설레며 추천합니다.

첫째로, 『늦깎이 목사의 100세 시대 팔복』은 박춘환 목사님이 이제는 글 쓰는 작가 목사로서 자리매김하는 의미 깊은 책입니다. 『늦깎이 목사의 100세 시대 팔복』을 출간하고부터는 더욱더 은퇴 없는 현역 목회자로 백세까지 계속 글을 쓰실 수 있기를 바랍니다. 아마도 박춘환 목사님이 은퇴 이후에 가장 잘하신 일은 글을 써서 책으로 출간하신 일일 것입니다.

두 번째로, 『늦깎이 목사의 100세 시대 팔복』은 은퇴 이후를 어떻게 살아야 하느냐에 대한 좋은 모델이 되는 책입니다. 책의 내용을 보면 여덟 가지 주제의 수필 형식으로 알차게 구성이 되어 있습니다. 저자가 말하는 돈, 사랑, 취미, 건강, 친구, 여행, 신앙, 칭찬은 우리 모두의 인생 여정에서 중요하게 다루는 요인들입니다. 담담하게 풀어나간 저자의 『늦깎이 목사의 100세 시대 팔복』을 통해 우리의 마음을 풍요롭게 해줍니다.

세 번째로, 『늦깎이 목사의 100세 시대 팔복』은 은퇴목회자들뿐만 아니라 글쓰기에 도전하는 분들께도 도움이 되는 귀한 책입니다. 저자 박춘환 목사님이 두 번째 책을 쓰셨듯이 누구나 은퇴 이후에 책을 써서 인생 여정을 더 보람되고 값지게 살아갈 수 있음을 『늦깎이 목사의 100세 시대 팔복』에서 발견할 수 있을 것입니다.

'글 쓰는 100세 시대의 현역 박춘환 작가 목사님'을 응원합니다. 두 번째 책 『늦깎이 목사의 100세 시대 팔복』 역시 많은 독자의 사랑을 받으시길 기원합니다. 그리고 은퇴가 없는 글 쓰는 작가 목사님으로 앞으로 좋은 책을 많이 남기시기를 바랍니다.
감사합니다.

박성배 박사
(한국교회의 아버지 사무엘 마펫)
외 다수의 저자

인생을 살다가 뚫지 못할 벽이나 건너지 못할 강을 만나면 누구에게 한 번쯤 물어보고 싶은 충동을 느끼지 않은 사람은 없을 것입니다.

박춘환 목사님의 『늦깎이 목사의 100세 시대 팔복』을 책꽂이에 꽂아 놓았다가 현자(賢者)를 만나고 싶을 때 이 책을 살펴보면 강이 갈라지고 벽의 문이 열리지 않을까 생각합니다.

책장에 숱한 장서가 넘치지만 이렇게 쉽고 재미있게 그리고 진솔하게 쓴 책이 또 어디 있을까 싶습니다.

추천인도 자서전을 쓰겠다고 몇 번이나 시작하다 그만두었습니다. 그 이유는 그만큼 삶을 공개할 자신이 없다는 것이며 인생살이가 사람과 부딪치며 살기에 상대방의 이야기가 많아질 것 같아 주저하고 있는 것입니다.

저자께서는 심성이 곧고 진솔하여 사람 사이에 얼마나 원만하신지 얼마 전에 『늦깎이 목사의 목회여담』이란 자서전을 출판하시더니 이번에는 마치 성서의 부록 같은 『늦깎이 목사의 100세 시대 팔복』이란 지혜서를 출간하시니 인생을 올곧고 진실하게 잘 살았다는 증빙서류가 아닐까 싶습니다.

누구를 만나도 격이 없고 무슨 말을 나누면서도 막힘이 없는 삶을 사신 분으로 저술한 인간 삶의 대 주제들을 집필하기에 충분한 인격과 식견을 갖추신 분입니다.

어려운 단어로만 꼬깃꼬깃 나열해 놓은 비밀 정보 같은 책보다 시원한 냉수 한 잔을 단숨에 마시는 것 같은 때 묻지 않은 경륜의 생수가 여기 있습니다.

누구든지 한 번쯤 책장을 펼치고 한 생의 우여곡절이 담긴 이 책을 통해 지식과 지혜를 충분히 얻을 수 있는 수작이라 사료 되어 추천합니다.

감사합니다.

2020.8. 목양실에서
윤대영 박사 칼럼니스트
부천노회 원로 공로목사

인생은 자신이 살아온 경험을 무시할 수가 없습니다. 왜냐하면 그 경험 위에 삶의 집을 지어 나가기 때문입니다.

존경하는 박춘환 목사님은 경찰과 사업가라는 경험 위에다 자기만의 인생 무대를 화려하게 건축해나갈 수 있었으나 하나님께 붙들린 후에는 자기 위주의 인생 건축이 아니라 영적 사명을 감당하기 위하여 완전히 인생 궤도를 수정한 삶을 살았습니다.

자신의 만족보다는 베풀며 희생하는 삶이었고 큰 소리로 주장하는 태도가 아니라 겸허하게 들으려고 무릎을 꿇었던 목회자였습니다.

자신의 목마름을 해결하기 위해 자기 앞에 놓인 잔을 마시기보다 그 잔을 타인의 영혼을 위해 부어주는 사랑의 맛을 요리하신 분입니다.

박춘환 목사님은 저서 『늦깎이 목사의 100세 시대 팔복』에서 자신의 신앙과 사랑의 뜨거움과 영혼의 전투 상황을 아름답게 고백하고 있습니다. 저서를 통하여 인생사에서 가장 중요하면서도 간과하기 쉬운 돈, 친구, 사랑, 건강, 취미, 여행, 신앙, 칭찬에 대해 이론적인 지식을 지향했고 방정식 같은 구체적이고 공감되는 쉬운 언어로 해답을 주고 있습니다.

특히 노인들과 목회자들이 등한시할 수 있는 운동과 책 쓰기와 수석 수집 등 대단히 차원 높은 취미생활을 하셨습니다.

또한 『늦깎이 목사의 100세 시대 팔복』을 논하면서 특히 건강에 대해 학적인 지식이라기보다 살아오면서 직접 체험한 산 교과서라 여겨 진심으로 환영하며 추천합니다.

작가께 뜨거운 감사를 드리며 상상할 수 없는 지혜와 지식 위에 경험이 더해진 본서가 많은 사람의 인생살이에 밝은 등불이 될 것입니다. 글을 쓰신 작가와 읽으시는 독자들께 하나님의 축복이 늘 함께하시기를 기원하오며 일독을 권합니다.

2022.8. 수원에서
김동수 박사, 시인
일심교회 원로 목사
서울부흥전도단장(전)

누가 뭐라 해도 80세가 넘은 노인이신 박춘환 목사님께서 노익장을 자랑이라도 하듯 『늦깎이 목사의 100세 시대 팔복』이라는 심혈을 기울여 쓰신 저서에 축하와 격려를 드립니다.

원고를 정성껏 탐독하면서 큰 감명을 받았습니다. 전문작가이거나 특수학자가 아니심에도 불구하고 섬세하고 짜임새 있게 찬찬히 써 내려간 구절구절이 감동하기에 충분했습니다. 설교로 말하면 "참 은혜받았습니다."라고 표현해야 좋을 것 같습니다.

평소에 우리 귀에 익숙한 오밀조밀한 단어들과 조목조목 한 문장 한 문장이 독자 여러분의 마음에 감명을 주실 것입니다.

인생살이의 누구에게나 관심 주제인 돈, 사랑, 취미, 건강, 친구, 여행, 신앙, 칭찬 등을 보편적이면서도 경험적 식견으로 재미있고 심도 있게 참 잘 쓰셨습니다.

나그네 인생길에 잊었던 과거사를 새롭게 일깨워 생각나게 하셨습니다. 특히 신앙생활의 마무리(Epilogue Life of faith)를 잘하셨네요.

우리들의 현실감각에 잘 맞을 뿐만 아니라 공감되고 정성이 담긴 소중한 책을 독자 여러분께 정중히 추천하게 됨을 기쁘게 생각합니다.

"사람은 책을 만들지만, 책은 사람을 만든다. 鐘은 울릴 때까지는 종이 아니다." 이제 우리가 종을 쳐 울려야 할 때입니다. 이 책을 읽으시는 모든 분께 하나님의 은총이 늘 함께하시기를 기원합니다.

2022년 8월 하절에
전용만 박사
대한민국 ROTC 기독 장교목사회장(현)
함해 노회 원로 공로목사(전)

不知言 無知人: 말을 알지 못하면 그 사람을 알 수 없다.

-論語-

연상의 좋은 벗으로 수십 년 동안 사귀어온 친구께서 재작년에 『늦깎이 목사의 목회여담』을 진솔하게 집필하시더니 뒤이어 『늦깎이 목사의 100세 시대 팔복』을 출간하게 되어 참으로 잘하신 일이라 여겨 고마운 마음으로 자랑스럽게 축하를 드립니다.

八旬을 넘긴 세월이지만 이 어른이 이렇게나 글을 잘 쓰시는 줄을 미처 몰랐으니 가히 燈下 不明이로다! 그 가상한 열정과 추진력에 재삼 찬사와 격려를 보냅니다.

자기 이름으로 책을 한 권 쓴다는 것이 얼마나 힘든지는 써보지 않고는 잘 알 수 없지요. 저서를 출간하기 위해 흘리신 수고의 땀과 끈기 있는 온갖 노력을 다하심에 참으로 장하고 더욱더 존경스럽습니다.

늦게 시작한 목회 생활도 참 잘 어울려 여러모로 잘하시더니 은퇴 후에는 이렇게 활기차게 글을 쓰며 보람된 노후생활을 보내고 계시니 연하의 이 벗은 뒤를 따르고 싶어질 뿐입니다.

저서의 초고를 읽으면서 이렇게 잘 읽을 수 있도록 쓰셔서 다른 분들께도 한 번쯤 읽어보시라고 추천합니다.

누구든지 돈에 대해 생각해 보지만 간과했던 부분들을 경험적이고 사실적인 면으로 다시 풀어 볼 수 있어서 참 좋습니다. 사랑, 취미, 건강, 친구, 여행, 신앙, 칭찬으로 이어지는 내용들이 우리가 일상생활에서 보고 듣고 느낀바 되는 주제여서 다시 한번 생각하며 스스로 정리해 볼 수 있어 재미와 감동을 더 하게 합니다.

3 나무 목(木), 朴椿桓 목사님의 여생이 평안하고 건강하시어 앞으로도 힘닿는 데까지 좋은 글을 쉬지 말고 쓰시기를 응원하고 기대합니다.

이 책을 읽는 모든 독자님께 하나님의 은총이 늘 함께하시기를 기원합니다.

2022년 8월 夏節에 서재에서
김만기 박사 작가
평북 노회장(전)

감사의 말씀

:

바쁘신 중에도 졸작 추천사 부탁을 거절하지 않고 고귀한 필설로 과찬해서 주심에 머리 숙여 감사드리며 영광으로 생각합니다.

박성배 작가 박사님은 첫 출간작 『늦깎이 목사의 목회여담』과 두 번째 『늦깎이 목사의 100세 시대 팔복』을 코치해 주셨습니다. 박성 배 박사님은 영종도에 교회와 선교회관을 건립하던 과정에 자금난과 내외적 여건의 시련기를 기도와 만 여권의 독서, 14권의 책 쓰기, 몇 십 명에 달한 책 쓰기 코칭을 통해 모진 고통에서 오뚝이처럼 승리 하신 삶을 가상(嘉常)히 여겨 추천받고 싶었습니다.

윤대영 목사, 목회학 박사님은 부천노회장과 신문 사설 주필로 명 성이 높을 뿐만 아니라 장신대학교 사회복지대학원 재학 시절, 지능 과 식견, 능력과 영력에 깊이 감동하였음은 물론 『어메의 초상』 제하 의 시집으로 등단하신 경륜을 습득하고자 추천을 의뢰하게 되었습 니다.

김동수 목사, 목회학 박사님은 서울부흥전도단장 시절, 필자가 시 무했던 교회 부흥회 강사로 모셨을 뿐만 아니라 『신앙전쟁의 사수들』,

『모닥불 앞의 나그네』제하의 칼럼집과 시집 외 다수의 저서를 출간하셨기에 축하를 드리며 하교를 위해 추천을 의뢰하게 되었습니다.

전용만 목사, 목회학 박사님은 총회와 서울 부흥전도단장으로 봉사할 때, 심성과 복음의 열정에 매료되었을 뿐만 아니라『동서양 효도 사상』제하의 저서에 깊은 깨달음을 받고 추천을 요청했습니다.

김만기 목사, 목회학 박사님은 총회와 서울부흥전도단에서 만난 수십 년 지기로 친교 하며 강단교류 집회 인도 중 큰 감동과 감화를 받았을 뿐 아니라『노랑 제비와 처녀치마』제하의 자서전과『한자 기초시리즈』25권을 집대성한 경륜에 경의를 표하며 공유하고자 추천을 의뢰하게 되었습니다.

귀하신 분들의 수고에 감사를 드리며 가르침을 받아 더 좋은 책을 쓰도록 노력하겠습니다. 늘 건강히 지내십시오. 감사합니다.

2022. 8.
안산에서
박춘환 목사

차례

Prologue

:

'늦깎이 목사의 100세 시대
팔복'을 말하다

아! 하나님의 은혜로 이 쓸데없는 자 왜 구속(救贖)하여 주는지 난 알 수 없도다. 필자는 늦깎이로 목사가 되어 이 찬송을 즐겨 부른다. 유소년 시절 가난과 배고픈 서러움을 경험하며 만학으로 늦깎이 목사가 되기까지 눈물겨운 고난의 세파 속에서도 하나님의 한량없으신 그 크신 은혜와 사랑을 억만 분지 일이라도 표현해 보고자 함이다. 중학교 입학 후 1학기도 채우지 못하고 중퇴해야 했고, 산에서 나무도 하고 공사판 흙짐도 져 봤으며 생계를 위해 화목(땔나무)을 시장에 내다 팔아보기도 했다. 17세가 되기까지 종조부(작은할아버지) 병원에서 급사로 의술을 배우며 지냈다. 철이 들면서 이렇게 살면 야부샤(돌팔이) 밖에 안 되겠다는 생각에 당시 순천 매산중고등학교 교장이신 외숙 김형모 박사께 눈물의 편지를 썼다.

아! 하나님의 은혜로, 17세에 중학교에 입학하여 23세에 고등학교를 졸업했다. 대학 진학은 아예 생각지도 못하고 육군에 입대하여 만기 제대했다. 이어 경찰직으로 사회에 첫발을 딛으며 보건소 간호사였던 아내와 결혼하여 자식들을 낳아 성장하는 모습을 보며 행복한 삶이 시작되었다. 누구에게나 지난날의 한가락 하던 화려함과 자랑이 있듯이 우리 부부 역시 직장을 조기 퇴직하고 사업을 하여 한

때는 고대광실 저택에서 고급 차 굴리며 언제 배고프고 가난했냐는 듯 부를 누리며 살기도 했다. 그러나 내게 주어진 복은 그때까지였다. 네 명의 자녀들이 대학생, 고등학생, 중학생이 되던 해에 경영하던 회사 부도로 엄청난 시련을 맞게 되었다. 43세에 만학의 신학도가 되어 50세에 늦깎이로 목사안수를 받기까지 이루 말할 수 없는 고통을 받았다.

아! 하나님의 은혜로 은퇴 후 10년이 지난 80세가 되면서 내게 베푸신 하나님 은혜에 억만 분지 일이라도 자서전을 통해 나타내고 싶었다. 그러나 책 쓰기가 그렇게 쉽지만은 않았다. '뜻이 있는 곳에 길이 있다'라는 속담대로 같은 노회 소속 목사인 박성배 작가의 코치를 받으며 『늦깎이 목사의 목회여담』이란 표제의 200여 쪽 분량의 책을 출간할 수 있었다. 나의 출생과 어린 시절, 중고등학교 학창 시절의 애환, 군대 이야기, 경찰관 시절, 사업의 흥망성쇠, 목회자로 궤도 수정된 사연, 설교, 성경 속 믿음의 인물들, 백세시대를 살다 간 인물들, 은퇴 후의 행복한 여가를 즐기면서 여과 없이 진솔하게 쓴 몇 편의 여담이다. 필자는 그 책을 통해 상실된 자신감과 자존감을 회복할 수 있었다. 그 이유는 독자들로부터 많은 격려와 칭찬을 받았기 때문이었다.

그래서 두 번째 책을 쓰기로 마음먹고 졸작 『늦깎이 목사의 100세 시대 팔복』을 집필 중이다. 팔복이란? 신약성경 마태복음 5장에 기록된 예수님의 산상 수훈으로 ①심령이 가난해야 천국을 소유하며 ②애통해야 위로를 받을 것이라 했다. ③온유한 자가 땅을 기업으로 받게 되며 ④의에 주림과 목마름을 통해 배가 부를 것이라 했다. ⑤긍휼히 여기야 긍휼히 여김을 받고 ⑥마음이 청결해야 하나님을 볼 수 있다고 했으며 ⑦화평하게 하는 자가 하나님의 아들이라 일컬음을 받게 되며 ⑧의를 위해 박해받으면 천국을 소유할 수 있다고 말씀하고 있다.

위의 산상 수훈의 팔복 묵상 중, 과연 백세시대를 사는 현대인의 팔복이 무엇일까를 생각하면서 두 번째 졸작 '100세 시대의 팔복'이라고 할 수 있는 ①돈, ②건강, ③취미, ④사랑, ⑤친구, ⑥여행, ⑦신앙, ⑧칭찬에 관해 일상적 체험을 토대로 기록한 것이다.

회고해 보면 하나님께서 이스라엘 민족을 선민(選民)하여 성민(聖民)이 되도록 40년의 광야(사막) 생활로 연단 하심같이, 필자에게도 사업 부도란 연단을 통해 늦깎이로도 목사가 되도록 인도하셨음을 깨닫게 되었다. 비록 물질은 없어졌지만, 아, 하나님의 은혜로만 살 수 있는 영적인 축복을 받을 수 있었음에 감사드린다. 필자는 50세에 목사안수를 받기까지 그야말로 늦깎이 목사이다. 신학 정규과정이 끝났다고 한숨 돌리려는 순간, 석사와 박사 학위로 보다 나은 목회 기회를 기대하며 경제적 어려움으로 학업 중단의 위기를 겪으며 박사 학위를 받을 수 있었다.

그 후 목회 접목을 위해 서울장신대학교 사회복지대학원에서 공부할 수 있는 기회를 통해 사회복지학 석사와 자격증을 취득하였다. "바울아, 네가 학문에 미쳤도다."라고 한 말씀처럼 필자 역시 학업에 미친 듯했다. 어려운 개척교회를 목회하며 열악한 경제 상황에서 왜 그토록 기를 쓰고 학업에 열중했을까?

필자 스스로 대기만성형(大器滿成形)이라 여긴 것이 첫째 이유이다. 성경에서 처음 된 자가 나중 되고 나중 된 자가 먼저 된다고 했고 가나 혼인 잔칫집 첫 번째 포도주보다 예수님의 기적으로 물이 변하여 나중 된 포도주가 더 귀하게 쓰임 받았다. 그뿐만 아니라 포도원에 고용된 일꾼들의 품삯(임금)을 주인의 뜻에 따라 아침 일찍 온 자나 오후 늦게 온 자나 똑같은 대우를 받았음을 성경 말씀을 그대로 믿었고, 그렇게 쓰임 받고, 그렇게 되는 소망이 있었기 때문이었다. 두 번째는 만학으로 인한 스트레스와 낮은 자존감을 학력과 학위를 통해 실력으로 증명코자 하는 얄팍한 보상심리가 작용했다는 표현이 솔직한 이유일 것 같다.

필자는 현재 81세로 인간의 생사화복과 행불행이 하나님께 달려 있음을 졸작을 통해 나타내고자 했다. 그러나 지식과 필력 부족으로 의도대로 쓰이지 못했음을 솔직히 고백한다. 하나님 부르심을 받을 때까지 글을 읽고 쓰면서 살고 싶다. 인생사 늦고 빠름, 성공과 실패, 행불행 여부는 보좌에 계신 분의 뜻이라 믿는다.

첫 번째 책 『늦깎이 목사의 목회여담』을 구독한 독자들로부터 받은 격려와 칭찬을 늘 기리며 간직하고자 여과 없이 본서 마지막 장에 기록해 두었다. 비록 lip service(말치레)일지라도 칭찬의 효과와 위력을 상기하며 두 번째 졸작 『늦깎이 목사의 100세 시대 팔복』을 통해 더 많은 격려와 칭찬을 기대해 본다. 이 책을 읽는 모든 독자께 하나님의 은총이 충만하시기를 기도드린다.

2022년 8월 여름,
안산에서
은퇴 후 글 쓰는 **박춘환 목사**

PART 1

첫 번째 복:

돈(money)

돈이란 무엇인가?

성경에서 말하는 돈

세상에서 말하는 돈

잘 벌어야 할 돈

잘 써야 할 돈

결국 두고 가야 할 돈

필자가 생각하는 돈

결론적으로 돈이란? 인생살이에 꼭 필요한 물질이지만 결코 목적이 되어서는 안 된다. 돈은 선한 것도 아니고 악한 것도 아니다. 그러므로 육신과 영혼처럼 이원론적 관념으로 접근함은 잘못이다. 돈 자체를 선하다고 하여 무턱대고 소유욕에 빠지거나 혹은 악이라 하여 돈을 돌을 보듯 하는 무관심 역시 위험한 사고방식이다. 돈 중심적 삶보다 하나님 중심, 사람 중심의 삶이 행복하다는 의미이다.

돈이란 무엇인가?

    돈은 '돈다'라는 동사에서 유래되었고 사물의 가치를 나타내며 상품의 교환을 매개하고 재산축적의 대상으로 사용하는 물건이라 했다. 옛날 엽전을 세던 단위이며 물건값의 지불수단이라고 백과사전에 설명하고 있다.

    속어 풀이로 '돈만 있으면 개도 멍첨지'라 하여 천한 사람도 돈만 있으면 남들이 귀하게 대접해준다고 했고, 돈만 있으면 귀신도 사귈 수 있고 돈만 가지면 세상에 못 할 일이 없다고 했다. '돈이 양반, 돈이 장사, 돈이 제갈량'이라 하여 돈의 위력을 말하고 있다.

    루소는 "사물들 사이의 계약에 입각한 평등은 돈을 발명하게 했다. 왜냐하면 돈이란 사물들의 가치에 대한 비교의 표적이기 때문이다."라고 하면서 돈을 기준 삼아 가치의 양을 가질 수 있게끔 되었다는 것, 즉 객관적 기준에 따라 양도될 수 있게 된 것이 돈의 탄생이라고 정의하고 있다.

    안산제일교회 원로 목사이자 시인 고훈은 '돈을 보이는 신'이라고 그의 시 「주님 앞에서」에서 첫 시구(詩句)를 읊고 있다.

그 외에도 돈에 대한 인문학적 정의들이 다수 설명되어 있다. 동서고금, 남녀노소, 빈부귀천, 지위고하, 학식 유무를 막론하고 현존한 모든 인간은 돈을 선호하는 공통분모를 가지고 있다. 필자는 초 중 고등학교부터 학부와 대학원의 석박사과정을 거치는 동안 많은 선생님과 선후배 동기들을 만났었다. 또한 군대 생활, 경찰 생활, 사업가, 그리고 늦깎이로 목사가 되어 목회와 부흥회 집회 사역으로 각계각층의 다수의 사람을 만날 수 있었다. 그들 중 돈이 싫다는 사람을 단한 명을 만나보지 못했다. 물론 돈에 대한 호감과 비호감을 일일이 여론조사를 거쳤다는 의미는 아니다. 다만 그분들과 직간접 대화를 통해 인지할 수 있었음을 말하는 것이다. 그중에 대부분은 가난했고 더러는 상당한 부를 축적한 재력가들도 있었다. 그들이 소유한 돈의 많고 적음을 불문하고 모두가 생명처럼 여기며 살아 있는 보이는 신처럼 여긴다는 사실이다.

성경에서 말하는 돈

인간들은 언제 어디서부터 왜 그렇게 돈을 선호하게 되었을까? 원인과 이유를 성경에서 찾을 수 있다. 하나님이 최초의 인간 아담과 이브를 창조하시고 생존하는데 부족함 없는 에덴동산을 조성해 주었다. 하지만 하나님께서 금하신 선과 악을 알게 하는 과일(선악과)을 먹음으로 죄짓고 타락하여 에덴동산에서 쫓겨난 때부터였다. 타락 이후부터 나타난 인간의 본능 중 하나가 소유욕이다. 인간은 태어나면서부터 주먹을 쥐고 태어난다. 소유욕의 본능적 행위가 움켜쥐려는 것이다. 그 소유욕에는 돈뿐 아니라 명예, 권세, 쾌락 등 필요한 모든 것을 망라한다. 이런 것들을 일컬어 타락한 인간의 원초적 본능, 즉 죄라고 성경은 설명하고 있다.

성경에는 돈에 관해 두 가지 측면으로 기록되어 있음을 볼 수 있다. 첫째는 돈이 많은 부자들을 향하여 부정적으로 기록하고 있다. "낙타가 바늘귀로 들어가는 것이 부자가 하나님 나라에 들어가는 것보다 쉽다."라고 하여 돈 많은 부자는 절대로 천국에 들어가지 못하는 부류로 취급하고 있다. 또한 "화 있을 진 저, 너희 부요한 자여"라고 격멸하기도 하고 그 외에도 "너희를 위하여 보물(돈)을 땅에 쌓아 두지 말라"는 등, 마치 이 땅에서 돈을 가지면 죄인이 되고 불행을 당하기도 하며 지옥에 가야 할 부정적인 면을 기록하고 있다.

특히 교회 지도자들을 향하여 돈에 대해 엄중히 규제하고 있다. 돈을 포기하고 주님을 따를 수 있는 자세를 가져야 하고, 공적인 생활비 외에 사적인 수고의 대가(돈)를 받지 말 것이며, 더러운 이익을 취하려고 마땅하지 않은 것들을 가르쳐 가정들을 무너뜨리는 거짓 교사의 위험에서 벗어날 것과 돈(재물)을 사랑함이 모든 악의 뿌리라고 말하고 있다. 은이나 금이나 의복을 탐내지 말라고 했고, 돈을 탐내다가 미혹을 받아 믿음에서 떠나 시험과 올무에 걸려 파멸과 멸망에 빠지지 않도록 주의할 것과 돈을 사랑하지 말 것을 거듭거듭 경고하고 있다.

둘째로 긍정적 평가로 기록되어 있기도 하다. 삭개오는 유대인으로 운 좋게 로마 제국의 세리에 등용되어 동족으로부터 착취한 세금으로 부자가 된 인물이었다. 시쳇말로 권력형 부정 축재자이다. 마침 동네를 지나던 예수 그리스도를 만나 회개할 수 있는 기회를 얻어 "가난한 자들을 위해 재산 절반을 나누어 주고 착취한 돈(재산)은 최고 4배나 갚겠다."라고 예수께 결단한다. 그때 "오늘 이 집에 구원이

이루었다."라는 예수님의 구원선포와 사죄의 은총을 받으며 예수님
과 함께 유숙할 수 있는 최상의 기쁨과 축복을 받게 된다. 참된 회개
가 무엇인가를 보여주고 있다.

또한 선한 사마리아인의 경우다. 이 사람은 사마리아 사람으로 예
루살렘에 가던 중, 노상강도를 만나 심한 상처를 입고 죽어가는 사람
을 만나게 된다. 마침 그곳을 지나던 이스라엘 12지파 중에 유일하게
하나님을 섬기는 일에 종사하던 성별(聖別)된 레위인은 못 본 체하며
지나가 버렸다. 얼마 후 제사장조차 못 본 체 그냥 지나쳐 버리고 말
았다. 그러나 당시 유대 사회로부터 멸시와 천대받던 사마리아인은
자기 가진 돈 전부를 치료비와 여관비로 지불하고 모자란 돈은 귀가
할 때 다 갚겠다고 약속 한다. 예수님은 이 선한 사마리아인을 극찬
한다. 물론 이 비유는 이웃사랑에 대한 칭찬과 베풂 없는 이웃사랑은
사랑이라 말할 수 없음을 교훈하고 있다.

그 외에도 당시 유대 사회의 노동자 1년분 노임에 해당하는 값비
싼 향유를 예수님의 머리에 부어 드린 행위로 예수님께 칭찬받은 여
인도 있었다. 예수님은 자신의 장례를 위한 준비로 여기며 그 여자를
극진히 칭찬하시는 모습을 볼 수 있다.

그뿐만 아니라 안식일에 성전 예배에 참석한 가난한 과부가 두 렙
돈을 헌금하는 것을 보신 예수께서 이 여인이 제일 많은 헌금을 했

다고 칭찬하고 있다.

위에 기록한 돈에 대한 성경의 교훈은 선과 악이라는 이원론을 제시함이 아니다. 다만 돈의 사용 과정과 목적 그리고 결과에 따라 가치를 매기는 것이다. 다시 말하면 돈을 어떻게 벌었고 무엇을 위해 썼는가를 따지는 것이다. 돈을 가진 것이 죄가 아니라 무슨 목적으로 돈을 벌며 어떻게 사용했는가가 상벌의 기준이 된다는 것이다.

현시대를 말세라고 한다. 불교에서는 석가 입멸 후 100~1,000년 동안을 정법 시대, 그 후 1,000년 동안을 상법 시대, 그다음에 이어지는 10,000년 동안을 말법 시대라고 하며 인간이 사는 말법 시대가 오면 세상이 혼탁해지고 정치, 도덕, 풍속이 타락하여 악법이 성행하고 정의가 사라진다고 말하고 있다.

한편 기독교에서는 예수 그리스도의 초림(탄생)부터 재림의 기간을 말세라 칭하며 현시대를 말세지말(末世之末)이라고 표현하고 있다. 특히 신약성경 디모데 후서 3장 1절에서 9절까지의 말씀을 통해 말세의 특징을 세밀하게 언급하고 있다. 말세에는 자기를 사랑(이기주의)하며, 돈을 사랑하고, 자긍하며, 교만하며, 훼방하며, 부모를 거역하며, 감사와 거룩함이 없을 뿐만 아니라, 무정하고, 원통하며, 참소하고, 절제하지 못하며, 사나워지며, 선을 싫어하고, 배반하며, 팔며, 조급하고, 자고 하여, 쾌락을 하나님 사랑보다 더하며, 경건의 모양만 있고 경건의 능력을 부인할 뿐 아니라, 색욕을 즐기고, 욕심이 가득해 짐을 말세의 징조로 이미 예언하고 있으며 오늘의 인생 모습을 적나라하게 기술하고 있다.

특히 말세를 맘몬(mammon)이 지배하는 시대라고 한다. 맘몬은 부(富)를 뜻하는 마모나(mamona)라는 아람어로 성경적으로는 부, 돈, 재산, 소유에 대해 부정적 의미로 쓰인 용어이다. 예를 들면 신약성경 누가복음 16:9절의 '불의한 재물'이야기와 마태복음 6:24의 "너희는 하나님과 재물을 겸하여 섬길 수 없다."라는 예수님의 가르침에 기록된 '재물'이 바로 맘몬이다. 맘몬은 하나님과 대립하는 우상과 의인화된 존재로 간주하는 용어로 돈 신(神)을 말한다. 특히 중세에서는 돈을 일종의 신(神)이나 악마로 이해되기도 했다. 다시 말하면 부, 돈, 재산, 소유, 재물, 물질을 절대시하거나 최고의 가치와 의미 부여의 태도나 행위를 맘모니즘(mammonism)이라 한다. 맘모니즘은 어느 시대, 어떤 사회, 무슨 종교를 막론하고 부패시키고 타락하게 하는 반사회적, 반종교적 힘이 있다. 맘몬은 괴물 같아서 남녀노소, 빈부귀천, 유 무식과 심지어 종교 지도자까지도 예외 없이 언제, 어디서든, 달라붙는 사탄(마귀) 같은 존재이다. 마치 코로나19의 델타나 오미크론 바이러스처럼 계속 변이하며 전염시켜 타락하게 하는 영물적(靈物的)인 사상(思想)이다.

기독교 초대교회 시대에는 자기 재산을 팔아 공유하며 유무상통하던 시대도 있었다. 오직 몸과 마음을 깨끗이 하여 신앙을 지키고 구원을 얻어 이단과 외부 박해에 대처하며 청빈을 미덕으로 삼았었다. 그 후 AD313년 콘스탄틴 황제에 의해 기독교가 공인되면서 몰수당했던 재산의 환급과 사회적 경제적 특혜를 누리며 특히 부자들이 개종하여 교회를 출석하면서 점점 부를 축적하게 되었다. 전에는 박해와 순교가 교회의 자산이던 것이 물질이 풍부해지면서 영적 능력을 상실하고 심지어 성직 매매로 부패하였다. 그 후 4세기에 수도원 운동이 시작되면서 맘몬으로 오염된 교회의 모순을 직시하고 순수한 신앙을 지키려는 몸부림을 쳤다. 수도사들은 금욕적 삶으로 산 순교자의 삶을 살았지만, 세월이 흐르며 수도원 역시 맘몬으로 오염된다. 14~15세기에 두 번째 시도되는 성직 매매금지를 비롯하여 금권 약속, 혜택, 혈통, 친분으로 성직과 수도원의 요직 배제와 사제직 임명, 세례, 성만찬, 고해성사, 안수, 결혼, 장례를 돈을 받을 수 없게 법으로 금했으나 끈질긴 맘몬의 관행은 없어지지 않았다. 교황 레오 1세가 AD445년에 성직자 독신제도(celibacy)를 제정하여 성직자의 물욕을 인위적으로 통제하고 후손들에게 물려 주는 재물과 도덕적 순결을 위해 힘썼지만 16세기까지 지켜지지 않았다. 중세교회에서도 성직 매매와 면죄부 판매, 돈으로 성령의 은사와 구원을 이룰 수 있다는 등 헌금이 헌금통에 떨어져 땡그랑 소리가 나는 순간 연옥의 다른 영혼까지 구할 수 있다는 웃지 못할 발상을 나타내기까지 했다.

이에 1517년 독일교회의 마틴 루터 같은 종교개혁자들의 강도 높은 비판을 통해 종교개혁이 이루어졌다. 그러나 얼마 지나지 못해 개신교도 맘모니슴에 자유롭지 못하며 교회들은 점점 커지고 부유해지면서 영적 도덕적 능력을 상실해 가고 있다.

우리나라의 교회들은 어떠한가? 영적이며 도덕적이어야 할 목회자와 교인들이 교회조직의 운영으로 교인의 숫자, 건물의 크기, 헌금 규모, 사례비와 승용차 등급 등 물량적 지표가 목회자와 교인의 자질과 신앙적 잣대가 되고 있다. 소위 기복신앙이 그것이다. 헌금을 많이 내면 물질의 복을 받아 더 많이 받게 된다는 것이다. 그런데다 무인가 신학교와 심지어 방송·통신 신학교를 만들어 돈을 받고 가짜 학위증, 가짜 목사증까지 남발하며 교인들의 신앙 성숙을 위한 부흥회(復興會)가 사이비 부흥사들에 의해 자금 확보를 위한 부흥회(富興會)로 둔갑하기도 한다. 그 외에도 교회의 물량주의와 사치, 성직 매매(총회장, 노회장, 각종 연합회장)에 돈 신(神)인 맘모니슴이 난무하고 있는 형편이다.

그럼에도 불구하고 맘몬에 걸리지 않고 청렴결백하게 살아가는 많은 기독교 지도자들이 있다. 하나님께서 구약시대에도 물질 풍요의 신 바알과 다산의 신 아세라 앞에 무릎 꿇지 않은 7,000명의 종(선지자)을 숨겨두심처럼 현대에도 맘몬에게 굴하지 않고 신실하게 살아가는 종들이 있음은 한국교회와 세계교회에 아직은 희망은 있다.

필자가 존경하는 대한예수교장로회(통합교단)의 원로셨던 한경직 목사님과 지금도 맡은 사명 끝까지 충성하며 사사로운 이를 취하지 않으려 애쓰며 "눈에 보인 신이라는 물질(돈)은 배설물보다 못했다."로 시작한 그의 시 「주님 앞에서」를 통해 모든 목회자의 모범을 보이는 안산 제일교회 고훈 원로 목사님과 당신의 아파트까지 저당 잡혀 성전 건축과 수많은 신학생을 도와준 박병돈 원로 목사님 그리고 본인 목회 현장의 경제적 어려움에도 이웃사랑의 본을 보이신 정숙자 목사님, 그 외에도 거론되지 못한 많은 목회자가 있음은 참으로 다행이며 그래도 한국교회는 희망이 있다.

2022년 8월 10일 현재 코로나19에 걸린 전 세계 통계를 보면 확진자 589,834,116명 중 사망자 6,442,307명이며 우리나라 확진자 20,694,239명 중 사망자 25,332명이라고 발표하고 있다.

코로나에 걸리면 며칠을 앓다가 대부분 회생하기도 하지만 치명률 0.13%로 큰 고통을 당하고 결국 사망에 이르게 된다. 이와 같은 고통과 사망을 면하기 위해 백신을 접종해야 한다.

맘몬도 마찬가지이다. 맘몬은 인간의 체력증진, 면역력 향상, 지식과 지혜, 그리고 문화생활 영위 유무와 아무 상관이 없다. 맘몬에 걸리지 않으려면 맘몬 백신접종을 해야 한다. 맘몬 백신은 예수 그리스도를 믿는 것이다. 믿음이 최고의 백신이다. 예수 그리스도를 믿되 진실하게 믿어야 한다. 자기 죄를 철저히 회개하고 신앙생활을 통하여 성령 충만한 삶을 유지하면 맘몬 백신효과는 틀림없이 나타난다.

전능(全能)하신 성부 하나님, 전지(全智)하신 성자 예수 그리스도, 무소부재(無所不在) 하신 성령님, 의지할 때 만 맘모니슴을 제어하고 승리할 수 있다. 승리한 후에도 지속적인 돈 관리를 통해 하나님 사랑과 부모 형제자매를 사랑함은 물론 이웃과 온 인류를 사랑하는 마음을 갖고 하나님 나라를 위한 복음 전파에 힘쓰게 될 때 맘몬은 더 이상 전염되지 못한다.

"너희의 보물을 하늘에 쌓아 두라."라는 것이 돈에 대한 성경의 진리이다. 이렇게 되면 돈은 맘몬이 아닌 물질 축복의 원료가 된다. 바울은 "탐심(소유욕)은 우상숭배니라."라고 말씀하고 있다. 돈에 대해 탐심을 가진 자는 하나님보다 돈을 더 사랑한다는 면에서 우상을 숭배하는 자와 같다. 황금만능, 배금주의, 물질 제일주의에 빠져 돈이면 최고라는 맘모니슴 시대를 살아가는 우리의 결단이 요구되는 이유이다.

소유욕(탐욕)은 마치 4% 이상의 염분을 내포하고 있는 바닷물과 같다. 바다에 빠지면 생존본능으로 허우적거리며 갈증을 느끼게 된다. 바닷물을 마시면 죽는다는 사실을 알면서도 마시면 마실수록 더 심한 갈증 유발로 결국 사망하게 된다.

우리 인생살이도 마찬가지이다. 좀 더 많은 돈을 소유하기 위해 돈, 돈 하다가 결국 돈과 함께 망하고 죽음에 이르게 된다.

우리가 꼭 기억해야 할 것은 생존을 위해 돈은 필요하다. 그러나 과도한 소유욕(욕심) 때문에 패가망신은 물론 돈과 함께 자멸하는 어리석음을 범하지 말자는 것이다.

　세상의 모든 죄악의 중심에는 반드시 돈 신(神) 맘몬이 도사리고 있다. 적게는 개인의 삶에서 크게는 국가와 민족 간의 전쟁사까지 뿌리박혀있다. 인생살이에서 저지른 각가지 죄가 돈의 소유욕으로부터 시작된다. 돈의 가치를 안다는 것과 돈을 사랑한다는 것의 의미는 하늘과 땅만큼 차이가 있다. 본질적으로 돈은 잘 관리하여 유용하게 사용하면 축복받은 삶인 것이다. 그러나 돈을 사랑의 대상으로 여겨 숭배하거나 소유욕에 집착할 때 범죄의 시초가 될 뿐만 아니라 그 결과는 사망에 이른다는 것이 성경적 교훈임을 명심해야 한다.

세상에서 말하는 돈

이 세상 생존자들이 가장 소중하게 여기는 것은 돈일 것이다. 돈과 관련되지 않은 것이 없고 돈만 있으면 안 되는 것이 없다는 생각이 지배적이다. 돈이 보이는 신이 되어 하나님을 대신하고 있다. 돈에 대한 소유욕(탐심)은 가난하거나 재벌이거나 크게 다르지 않다. 돈맛을 본 자일수록 소유욕은 더 강하다. 그것을 갖기 위해 수단과 방법을 가리지 않을 뿐만 아니라 심지어 생명까지 잃는 경우가 허다하다.

돈이라고 하면 하루살이와 불나방이 되는 세태다. 엄중한 법과 제도를 제정하여 강력한 근절을 시도해도 막을 길 없는 것이 부정한 돈거래이다. 유전무죄(有錢無罪) 무전유죄(無錢有罪)란 용어가 정치인이나 경제인뿐 아니라, 심지어 종교인들까지 예외가 없다. 돈에 눈이 먼 연구원, 회삿돈을 수백억 원씩 도둑질한 회사원, 은행 돈을 제 것처럼 횡령하는 은행원, 돈에 미쳐 모욕당하는 유명 배우, 돈에 사로잡혀 교회 사택을 몰래 팔고 헌금을 사유화한 목회자까지 신분과 직위고하를 막론하고 양심도, 염치도, 체면도 없이 타락한 지 오래되었다. 심지어 불법 투기, 부정 투자, 착취, 살인, 사기, 도박, 절도, 강도 등 온갖 짓을 해서라도 호의호식하며 쉽게 사는 자들의 삶을 오히려 부럽게 여기는 세태가 되었다.

인생이 이생뿐이면 정직과 성실히 살아가는 사람들이 가장 불쌍한 자들이다. 그러나 반드시 내세가 있음을 깨닫고 사는 인생이 축복받은 삶임을 기억해야 한다. 우리는 때때로 악인이 번성하고 호의호식하며 고난과 핍박 없는 삶을 보면서 과연 하나님은 살아 계시며 공의로우신가 의심하게 되며 의인의 분깃이 무엇인가를 생각하게 된다. 그러나 분명한 것은 인생은 유한적이며 반드시 사후 심판과 영생 복락이 있음을 명심해야 한다.

그러므로 내게 주어진 분복에 따라 근면하고 성실하게 살 때 하나님의 복 주심이 반드시 실천됨을 믿고 살아야 한다. 내 당대가 아니면 자식 대에, 자식 대가 아니면 손자 대에 꼭 이루어지게 됨을 믿고 성실하고 정직하게 사는 복된 인생이기를 기원한다. 순천자(順天者)는 흥(興)하고 역천자(逆天者)는 망(亡)한다는 말이 아무렇게나 생긴 말이 아님을 깨달아야 한다. 불나방이나 하루살이처럼 불에 집착할 것이 아니라 정직하고 성실히 살다 보면 반드시 복을 받는다는 것이 하늘의 이치(법칙)이다. 거기에다 신앙생활을 덧붙이면 금상첨화(錦上添花)이다.

잘 벌어야 할 돈

＿＿＿＿＿＿＿＿＿＿＿＿＿＿

옛말에 '돈은 개같이 벌어 정승처럼 쓰라'했다. 우리는 이 세상을 살아가는 동안 돈의 위력을 실감할 수밖에 없다. 왜냐하면 돈의 있고 없음이 인생살이에 천지 차이이기 때문이다. 사실 많은 돈을 소유할수록 폼(form)나고 럭셔리(luxury)하며 윤택한 삶을 살 수 있기 때문이다. 문제는 그 돈을 어떻게 벌었느냐가 관건이다. 자신의 노력에 의한 정당한 대가로 돈을 열심히 벌어야 함을 말하는 것이다. 자기 노력 없이 쉽게 수입된 돈은 지출 때도 풍선의 바람 빠지듯 쉽게 나가는 것이 돈의 철학이다. 가령 도박이나 복권처럼 자기의 노력 없이 요행수로 수입된 돈은 역시 소리 없이 쉽게 나간다는 사실을 유경험자들의 때늦은 후회와 증언에서 알 수 있다.

세계적 부호들을 차치하고라도 우리나라 근대사에 부를 이룬 재벌총수들의 돈벌이를 들여다보자. 그들의 자서전이나 신문과 방송보도를 통해 공통으로 알려진 것을 보면 모두가 밤잠을 제대로 자지 못하고 뼈가 으스러지는 심신의 고통을 참고 열심히 일하여 부의 명가를 이뤘다는 공통점이 있다.

한국 경영계 총수 격인 이병철 삼성물산 회장은 1910년 경남 의령 출신으로 삼성, CJ그룹, 신세계그룹 등 소위 범삼성가라 불리던 거대재벌이 되기까지 어떠한 인생도 낭비라는 것은 있을 수 없다는 신조로 1936년 마산에서 협동정미소를 시작으로 운수업과 양조장을 경영하며 그야말로 힘을 다해 사업을 경영하면서 때로는 망하기도 했고 몸져눕기도 하면서까지 가진 수고와 노력 끝에 한국 제일의 재벌에 오를 수 있었다.

현대 그룹 정주영 총수도 마찬가지다. 그는 1915년 휴전선 북쪽인 강원도 통천군 송전하면 아산리에서 출생하여 10세 때부터 새벽 4시에 기상하여 부친의 농사를 돕다가 소 판 돈 70원을 훔쳐 가출하였다고 한다. 서울 시내 복흥상회라는 쌀가게배달원으로 취직하여 월급으로 쌀 한 가마니를 받고 등골이 빠지도록 일하여 경일 상회라는 쌀가게를 운영하게 되었다. 그 후 자동차 수리공장, 운수업, 현대자동차(Hyundai Motors Company), 현대건설 등 국내의 거대기업 회장이 되기까지 실패와 좌절을 수차례나 맛보기도 했고 심지어 공사 현장 간이침대에서 잠을 자며 사업을 일으켰다. 그는 이렇게 술회하고 있다. "나를 비롯한 현대 임직원들은 국가적인 대사 앞에서 잠을 잘 수 없었다. 아니 잠이 오지 않았다. 사실 계절을 느끼지 못할 만큼 열심히 일했다."라고 술회했다.

한진 그룹 조중훈 초대 회장도 1920년 서울 서대문구 미근동에서 출생하여 한진 중공업, 한진 해운, 대한항공 등 한진 그룹의 23개 계열사를 설립 운영하기까지 오대양 육대주를 발로 뛰며 일군 사업이다. 정말 식사를 거르며 흘린 땀과 피의 결정체라 해도 과언이 아니다.

어디 그분들뿐이겠는가? 거론되지 못한 수많은 대기업 회장과 중소기업 사장들, 심지어 영세상인들까지 누구 한 사람도 수고의 땀과 피눈물 없이 힘들지 않고 돈 벌었다는 일화를 들어보지 못했다. 돈은 힘들이지 않고 벌 수가 없는 것이기 때문이다. 그들 모두가 상상할 수 없는 고뇌와 난관에 봉착했고 생사를 넘나드는 위험에 처하면서도 불철주야 힘들게 일하여 돈을 벌었다. 하늘은 스스로 돕는 자를 돕는다. 그들은 오직 산업의 역군답게 엄청난 수고와 땀으로 돈을 벌어 기업을 일으킨 주역들이다.

다시 말하면 우리 선조들 모두가 궂은일마다 않고 죽어라 일한 대가로 세계 10위권의 경제 대국을 이루었다. 2021년도 통계청 발표에 의하면 코로나19의 팬데믹 시대임에도 우리나라가 세계 수출 8

위라는 대기록의 경제발전을 이룩했다고 한다.

미국의 외교 전문 잡지 'Foreign Policy'에 의하면 2040년 세계를 주도할 4개국에 독일, 미국, 터키, 한국이 선정되었다고 한다. 특히 우리나라가 선정된 이유는 첫째, 국민성 둘째, 교육열 셋째, 기술 수준 넷째, 700만 해외동포 네트워크 다섯째, 한국의 프로테스탄트(개신교)를 이유로 꼽았다.

이는 산업현장에서 피땀 흘린 산업일꾼들의 공로이다. 우리 선조들은 근면과 성실이라는 방법으로 부를 이루었다. 그 결과 세계 최저의 후진국에서 명실공히 UN이 승인하고 인정해 준 선진국 대열에 진입할 수 있었다. 지금처럼 노동조합을 결성하여 군중의 힘을 이용하지도 않았고 1일 평균 근무제나 주 5일 근무제조차 따지지 않았다. 오직 "잘살아 보세"라는 구호로 밤낮없이 성실하게 일했던 결과가 오늘의 경제부국 대한민국을 이루는 원동력이 되었다.

그런데 언제부터인가 우리나라의 산업현장에 위기가 닥치고 있다. 수고와 땀 흘림 없이 쉽게 돈 벌고자 하는 풍조가 나타나기 시작했다. 소위 회피 업종이라는 3D 현상이다. Difficult(힘들고), Dirty(더럽고), Danger(위험하다)라는 근로조건을 내세워 젊은 층 모두가 대기업 하이칼라(high color) 넥타이 업종만 선호하는 풍조이다. 그 결과는 참으로 무섭다. 급기야는 일하기 싫으면 먹지도 말라는 성경 말씀을 비웃기라도 하듯 아예 일을 포기한 채 도박과 복권 같은 사행심으로 일확천금을 노리며 놀고먹자는 풍조가 만연되고 있다. 한술 더 떠 무료함과 실증을 탈피하고자 알코올과 마약 중독자가 속출하고 있는 현실이다. 이런 뜬구름을 잡고자 하는 삐뚤어진 심리 현상은 반드시 척결돼야 한다. 돈은 그리 쉽게 벌 수도 없지만 설령 그럴 수 있다고 해도 사치와 방종 허영과 환락은 결코 동의하거나 찬성할 값어치가 없다. 이런 풍조가 더 만연되기 전에 사회정화가 요구된다. 썩은 사과 한 개가 상자 속의 모든 사과를 썩게 하기 때문이다.

잘 써야 할 돈

....

　필자의 부친은 "1원 보고 웃는 놈(者)은 1원 보고 울게 된다."라는 명언을 남기셨다. 돈을 아껴 값어치 있게 잘 써야 한다는 교훈을 지금도 기억하며 돈을 잘 쓰려고 다짐한다. 칼릴 지브란은 "돈은 현악기와 같다. 그것을 적절하게 사용할 줄 모르는 사람은 불협화음을 듣는 것과 같다. 돈은 사랑과 같다. 잘 베풀지 않는 이들은 천천히 그리고 고통스럽게 죽어간다. 반면에 타인에게 잘 베푸는 이들에게는 생명을 준다."라고 하였다.

　필자의 종조부(조부의 아우)는 순천주재 미국 남장로 교단에서 설립한 안락산 병원 의료종사 직을 계기로 한지 의사면허를 취득하여 농어촌지역 의원(醫院)을 경영하며 많은 환자를 치료했다. 필자가 중학교 입학 전 그곳에서 3년간 무보수로 일하던 때가 있었다. 우여곡절로 중학교를 입학할 때 입학금이 고작이었다. 그 시절에는 국가적 절대 빈곤 시대여서 식생활 제공만으로 무임금 노동이 관례였던 시절이었다. 그렇지만 어렵게 학교생활을 시작하는 종손자에게 3년간의 보수치고는 너무 적다 싶어 섭섭했던 마음을 지금까지 잊지 못하고 있다. 돈은 잘 써야 하고 잘 베풀어야 한다. 그렇게 될 때 돈의 가치가 빛이 나고 행복을 느끼게 되는 것이다.

현재 우리나라의 기부문화도 선진국 대열에 동참할 만큼 상당히 성장했다. 소위 가진 자의 도덕적 용어로 쓰이는 노블레스(Noblesse 명예) 오블리주(Oblige 의무) 사회로 발전되었음을 체감할 수 있다. 어느 독지가는 일평생 고생하여 번 전 재산을 사회에 헌납하는가 하면, 거금 일천사백억 원 상당을 카이스트 대학에 장학금으로 기부했고, 이북에서 피난 나와 콩나물국밥 장사로 모은 돈 400억 원을 고려대학에 장학금으로 기부하기도 했다. 그뿐만 아니라 연말연시와 국가적 재난 때 사회적 약자들을 위해 대기업 그룹부터 중소기업 소상인들까지 기탄없는 기부가 이어지고 있다. 심지어 폐지를 줍는 기초 생활자분이 모은 일천만 원과 기초생활비로 받은 돈 중에 이십만 원의 성금을 기부하는 것을 볼 수 있다. 그뿐만 아니라 얼굴 없는 천사가 되어 매년 거액의 성금을 헌납하는 분들을 볼 수 있다. 정말 가슴 뛰며 감동과 감격의 마음을 담아 박수를 보내 드린다. 그런 분들이 많아질수록 국가와 사회는 한층 더 발전하여 살기 좋은 복지국가로 변화될 것이다.

반면에 어떤 분들은 정권과 사회적 지위를 이용하여 부정 축재와

탈세를 통해 국민적 분노와 빈축을 사면서 돈을 움켜쥐었다가 써보지도 못하고 결국 패가망신하고 교도소 생활과 심지어 죽는 모습을 보면서 씁쓸하고 안타까운 생각이다.

이시형 박사의 저서 『인생 내공』에서 "나이 70이 넘었는데도 돈을 더 벌겠다고 현직에서 뛰며 가족과는 해외여행 한 번 못 가는 노인이 있다. 부자는 돈이 얼마나 있느냐가 아니라 벌어놓은 돈을 얼마나 유용하게 쓰느냐에 달려 있다. 은행에 있는 돈은 내 돈이 아니고 은행 돈이다. 내 생전에 찾아 쓰는 돈만 내 돈이다."라고 기록하고 있다. 너무 돈에 대한 소유욕이 강한 분들에게 조금씩 내려놓고 사는 방법을 제언한 훌륭한 글이다.

우리에게 쥐꼬리만큼 남겨진 돈(재물)과 시간을 이웃과 사회뿐만 아니라 내세의 영혼 구원을 위해 잘 쓰는 여생이기를 기원해 본다.

결국 두고 가야 할 돈

인생은 반드시 이 세상을 떠나야 하는 숙명을 지녔다. 동서고금, 남녀노소, 천하를 호령하던 영웅호걸, 세상 만물을 다 소유할 수 있는 세계적 부호들과 심지어 성인군자나 어떤 종교인도 비켜 갈 수 없는 하늘이 정한 운명의 법칙이다. 생명처럼 여기던 돈, 명예, 권세조차도 예외일 수 없고 뽐내던 얼짱, 몸짱, 절세가인도 어쩔 수 없는 영원불변의 법칙이다.

어느 수필가가 말했듯이 "먼 길을 떠날 때는 무거운 짐을 다 남겨두어야 한다."라고 했다. 꼭 죽음의 대명사 먼~길뿐만 아니라 정신적 가치와 인격적 숭고함을 위해서라도 소유의 노예가 되어서는 안 된다는 말이다. 결국 돈은 얼마나 소유했느냐가 아니라 얼마나 베풀었느냐에 따라 인생 가치를 매기는 판단기준이 되는 것이다. 다시 말하면 돈을 움켜쥔 수전노의 삶이 아니라 이웃과 사회를 위해 얼마나 기부자로 살았느냐가 진정한 부자 여부를 판가름하는 기준이 된다. 돈은 혼자만 즐기기 위해 갖는 것이 아니라 남을 배려하고 돕는 수

단으로 사용될 때 돈의 진정한 가치를 창출해 낼 수 있게 된다. 결국 돈은 모두 다 두고 가야 할 것이기 때문이다. 그래서 수의에는 호주머니가 없다. 왜냐하면 아무것도 가져갈 수 없기 때문이다.

103세의 석학 김형석 교수의 백세 일기 중에서 인생 종착역을 향하는 노인 세대들에게 당부하는 금언이다. "정신 맑으면 무엇 하리요 자식 많은들 무엇 하리요 아들딸 자식들 유명 인사 무엇 하리요 모진 비바람 다 지나간 조용히 흐르는 저 호수 같은 잔잔한 마음으로 돌아갈 뿐인 것을" 그렇다! 육신과 정신이 건강하고 자녀 손자들 많이 두어 호사 호강한들 결국은 다 두고 떠나야 할 인생과 돈인 것을 깨우쳐 주는 1세기를 넘게 사신 학자의 탄식이다.

우리는 돈만 있으면 세상 모든 것 다 소유할 수 있고 지배할 수 있다는 자가당착에 빠지기 쉽다. 인생살이에서 돈을 꿈과 이상으로 여겨 얼마를 벌었느냐를 통해 성공척도를 가름하고 있는 세태이다. 그뿐 아니라 내 인생이 영원할 것으로 착각하듯 돈 역시 나와 함께 영원할 것이라 착각한다. 이것은 우리 인생의 착각일 뿐 생명이나 돈은 잠시 이 세상에 머무는 동안만 소유하고 보관하며 지킬 뿐임을 꼭 명심해야 한다. 그런데도 5분 후도 알지 못하고 5m 전방도 볼 수 없는 유한적 인간들이 돈을 갖고자 사기 폭력 살인까지 온갖 범죄도 마다 않고 발버둥을 치고 있다.

그렇다면 인간은 돈을 얼마나 소유하면 만족할까? 과연 그 끝판왕은 어디일까? 불행히도 인간의 소유욕은 끝이 없다. 개인뿐만 아니라 지구촌 어느 국가와 민족에게도 돈에 대한 만족을 볼 수 없다. 세계적 부호들까지도 돈에 대해 만족을 선언하며 돈 벌기를 스스로 포기하지 않는다. 마치 불이 좋아 불을 안고 불과 함께 자멸하는 하루살이나 불나방과 조금만 더, 이번만 더더, 거기까지만 더더더 하다가 펑 소리와 함께 최후를 맞는 풍선처럼 말이다. 결국 단돈 1원도 갖지 못하고 적신으로 돌아가야 할 인생인데 말이다.

　　인생의 가장 큰 병(病)은 소유욕(所有慾)이다. 필자도 더 많이 가질수록 행복할 것이라는 착각을 경험했음에도 불구하고 그 소유욕은 아직도 사라지지 않고 있음을 고백한다. 이것이 타락한 인간의 자화상이요 끝판왕이다.

　　"네가 이 세대에서 부한 자들을 명하여 마음을 높이지 말고 오직 우리에게 후히 주사 누리게 하시는 하나님께 두며 선을 행하고 선한 사업을 많이 하고 나누어 주기를 좋아하며 너그러운 자가 되게 하라"는 신약성경 디모데전서 6:17-18 말씀이 돈에 대한 하나님의 권면임을 명심할 필요가 있다. 왜냐하면 결국 인생은 소유했던 모든 돈을 다 놓고 가야 하기 때문이다. 공수래공수거(空手來空手去)가 인생 종말의 모습이다.

필자가 생각하는 돈

돈은 '돌고 돈다'하여 돈이라 했다. 현재 소유한 내 돈이 영원한 내 돈이 아니듯 지금 갖지 못했다고 미래까지 못 가지란 법도 없는 것이 돈의 생리이다.

필자는 철들면서부터 조상 때부터 세습된 가난의 대물림을 끊어야겠다는 정신적 부담을 갖고 살았다. 조부모님은 온 일생을 전도사 신분으로 목회자의 삶을 사셨으니 가난한 삶이 천직이 되셨고, 부모님 대에서는 교직과 면서기를 거쳐 항만 공사책임자로 재직하며 상당한 돈을 가질 수 있었지만, 육군 정훈국을 거쳐 군납사업 실패로 모든 재산을 날린 후 동분서주하며 젊은 시절의 영화를 회복하고자 했으나 그리 쉽게 회복되지 못했었다. 필자가 13세에 중학교 입학 후 중퇴해야 했고 17세에 중학교를 재입학하기까지 수탄 고생하며 중고등학교를 졸업할 수 있었다. 대학 진학은 꿈도 꾸지 못했고 군에 입대하여 제대하였고 경찰관이 되어 결혼했다.

그 당시 필자 수중에 돈 한 푼 없는 형편이었기 때문에 현금 100만 원만 있으면 참 행복할 것 같았다. 당시 필자가 받았던 경찰관 월급 4,300~4,500원, 아내의 보건소 직원봉급 5,300원 정도였던 시대였다. 당시 은행 이자도 고율이지만 특히 사채이자가 1할(10%) 정도의 고리였던 시절이었다. 그러니 우리 부부 월급(봉급)의 10배의 이자 수입이 되면 외식과 극장 관람 등 문화생활을 즐길 수 있고 여유로워져 참 행복할 것 같았다.

열심히 살다 보니 100만 원의 10배, 100배, 1,000배 넘은 돈을 가졌음에도 멋지고 우아하며 행복하겠다던 마음은 온데간데없고 적어도 10.000배 정도는 가져야 행복할 것 같다는 생각으로 바꾸게 되었다.

누구나 옛날에 한 가락 안 해본 사람이 있을까마는 필자의 사업은 마치 순풍에 돛단 요트처럼 잘 운영되어 고대광실 양옥과 고급승용차 타며 모두가 부러워하는 삶을 살아 보기도 했다. 그럼에도 불구하고 이만하면 만족하고 행복하다는 마음을 가져 본 적이 없는 듯하다. 이것이 타락한 인간의 소유욕이란 것이다. 감사와 욕심은 인생 성패의 가늠자요 이 세상 그 어떤 것도 영원한 것은 없다.

가난의 대물림이 끊겼다고 으스대며 살던 지음에 날벼락을 맞게 되었다. 회사 부도라는 암초를 만난 것이다. 가졌던 모든 재산은 뺏기

듯 없어졌고 발행한 어음과 당좌수표 법 위반으로 구속당할 처지까지 되었다. 산속 기도원에 피신하여 40일간을 체류하며 타락한 삶을 회개했다. 그 사건을 계기로 43세의 만학으로 신학교를 거쳐 50세가 되어서야 늦깎이로 목사안수를 받아 목회자의 길을 걸으며 돈과는 먼 삶을 살고 있다.

지난 세월을 돌이켜보면 후회뿐인 것이 인생인 듯하다. 필자처럼 돈에 애태우며 가슴 조여 본 사람들은 그리 많지 않을 것 같다. 은행 부도를 막기 위해 마감 시간이 될 때까지 가슴 조여야 했고, 부도난 후에는 채권자들의 빚 독촉받으며, 늦깎이로 신학생이 된 필자와 자녀들의 등록금, 그리고 자식들과 필자 내외의 생활비 때문에 고통스러운 연단의 세월을 경험할 수 있었다. 그래도 고난이라는 쓰디쓴 보약으로 인해 단절되었던 대신관계(對神關係)와 대인관계(對人關係)가 정립되는 놀라운 변화를 체험할 수 있었다. 그제야 나보다 못한 일가친척과 가난한 이웃이 보여졌고 동병상련의 감정으로 질병과 실패의 질곡을 거치는 많은 이웃을 볼 수 있게 되었다.

'세월이 약이겠지요.'라는 어느 유행가 가사처럼 지나고 나니 돈을 조금 가져 봤을 때나, 버스 토큰 하나가 없어 출입을 포기했을 때나, 호사 호강하며 살던 때나 개수가 많은 썩은 사과를 사 먹었을 때나, 등록금, 생활비, 식생활에 위협을 받았을 때나, 사글셋방, 전셋집을 전전했을 때나, 남의 자식들처럼 호의호식시켜 주지 못해 가슴 아팔을 때나, 내 집 가지고 식생활 걱정 없이 잘살 수 있는 현재 생활의 차이를 별반 느끼지 못한다는 것이 인생살이의 결론이다.

문제는 어떤 마음으로 사느냐가 관건이다. 돈이 있으면 풍성하고 여유로워 좋고, 없으면 불편하고 구차하다는 차이일 것이다. 솔직히 말하면 돈 없어 궁상맞고 고생스럽기보다 돈 많고 풍성하며 여유로워지기를 바라지 않은 사람은 없다. 시쳇말로, edge(개성) 있고 luxury(호화롭게) 하며 form(폼) 잡고 살기를 누가 마다할까마는 다만 그렇지 못할 바에야 차라리 마음을 비우는 편이 낫다는 말이다.

사실 마음을 비운다는 말은 쉽지만 실천하기란 차라리 죽는 편이 낫겠다 할 만큼 대단히 어렵다. 돈은 보이는 신이요 또한 보이지 않은 맘몬이 되어 돈이 있고 없음의 차이는 천지 차이일 만큼 예우와 태도가 다름이 돈의 위력이다. 어느 시대 어떤 부류의 사회도 모두 다 그랬었다. 심지어 종교적 차원에서까지 그 위력과 서열은 변치 않은 위계질서가 되어 있기 때문이다. 불교계의 종단과 기독교의 교단과 교회에서도 건물의 크기와 재력에 따라 권위와 존경 도가 다르다. 하물며 정치계나 경제계 등 어느 사회 어느 계층을 막론하고 돈의 위력은 살아 있는 신격이 된 지 오래 이다.

그럴지라도 마음을 비우고 삶의 목표치를 낮추면 그런대로 살아지는 것이 인생살이이다. 어차피 오르지 못할 나무 쳐다본들 아무 소용이 없기 때문이다. 숟가락 놓는 날 땡전 한 닢 가져가지 못함을 알면서도 아직도 움켜쥐려는 소유욕이 서글퍼지기도 한다.

그렇다고 인생의 목표를 세우지 말라거나 도전하지도 말라는 뜻은 아니다. 다만 우리의 헛된 욕망과 과도한 소유욕을 내려놓자는 것이다. 왜냐하면 돈이란 내 마음대로 성취되거나 소유할 수 있는 것이 아니기 때문이다. 그럴 바에야 차라리 욕심 없이 긍정적 생각과 감사한 마음으로 내려놓으면 그런대로 견디며 살 수 있는 것이 인생이란 의미이다.

인생살이는 어렵게 생각할수록 더 어렵고 힘들어진다. 그러므로 있는 것을 족한 줄 알고 순리와 이치대로 살아가야 한다. 부언하자면 신앙을 가지고 살면 가능하다. "주 예수를 믿으라 그리하면 너와 네 집이 구원을 얻으리라.", "항상 기뻐하고 쉬지 말고 기도하라 범사에 감사하라."라는 말씀이 성경의 가르침이기 때문이다.

필자가 81년 차 세월을 살면서 은퇴 후 이어지는 현재의 삶이 가장 행복하다. 그렇다고 많은 돈을 소유해서가 아니라 다만 삶의 무게를 조금씩 내려놓는다는 의미다. 하루하루의 삶에서 먹고 싶으면 먹고, 놀고 싶으면 놀고, 가고 싶으면 갈 수 있는 여유와 아직도 자전거 riding을 할 수 있고, 수영을 즐기며, 아내와 함께 걷기도 하면서 젊은 시절 못다 한 대화를 나누며 행복을 느낀다는 뜻이다. 그리고 정신 건강을 위해 글을 읽고 쓸 수 있는 여건과 환경에 감사하며 기도

할 수 있다는 의미이다.

인생 여정의 일출(日出) 같은 출생의 신비로움과 정오의 작열하는 햇볕 같은 젊음도 좋지만, 저녁노을의 아름다운 풍경, 황혼 역시 못지않은 장관임을 느끼며 주어진 황혼 녘을 잘 지내고 싶은 바람이다. 꿈 많던 인생 초년기도 귀하고 혈기 왕성했던 중년의 젊음도 멋졌지만 조금씩 깨달아 내려놓는 황혼의 삶도 얼마나 고귀한 삶인가를 느끼며 감사한다는 말이다. 다만 이 석양 노을이 다 질 때까지 저개발국의 선교비와 출판비, 그리고 도움 받은 모든 분께 대접할만한 여윳돈이 있으면 금상첨화겠다.

결론적으로 필자가 생각하는 돈이란? "행복은 밖에서 얻어지는 것이 아니라 자신의 가슴속에서 만들어진다."라고 괴테는 말했고, 에피쿠로스는 "행복에 이르는 길은 욕심을 채울 때가 아니라 비울 때 열린다."라고 했듯이 돈은 우리의 삶에 꼭 필요한 물질이지만 결코 인생의 목표나 목적이 되어서는 안 된다는 것이다. 돈은 선한 것도 악한 것도 아니다. 그러므로 육신과 영혼처럼 이원론적 관념으로 접근함은 잘못이다. 돈 자체를 선하다고 하여 무턱대고 소유욕에 빠지거나 혹은 악이라 여겨 돈 보기를 돌보듯 하는 무관심 역시 위험한 사고방식이다. 돈 중심적 사고를 지양하고 하나님 중심, 사람 중심적 삶을 지향함이 보다 나은 행복한 인생살이라는 의미이다. 돈은 나의 목자시니 내가 부족함이 없다는 속어처럼 돈이 행복을 만드는 것으로 착각하는 순간부터 돈의 노예가 되어 불행한 인생이 된다는 사실을 꼭 기억할 필요가 있다. 돈이란 인생이 지배해야 할 한낱 물질임을 깨닫고 살아야 한다.

PART 2

두 번째 복:

건강(health)

모든 인생은 장수(長壽)를 원한다. 장수를 오복 중 하나라 여기며 오래 사는 것을 복의 으뜸으로 여긴다. 그러나 오래 사는 것보다 건강하게 사는 것이 더 중요하다. 그러므로 오래 살고 싶으면 건강하게 살아야 한다. 인생의 삶에서 최고로 꼽히는 것은 건강이라 할 수 있다. 왜냐하면 돈을 잃으면 조금 잃은 것이요 명예를 잃으면 상당히 잃은 것이지만 건강을 잃으면 전부를 잃은 것이기 때문이다.

건강이란 무엇인가?

건강이란 무엇인가에 대하여 '질병이 없거나 허약하지 않은 것만 말하는 것이 아니라 신체적 정신적 사회적으로 완전하고 안녕한 상태에 놓여 있는 것'이 세계보건기구(WHO)가 설정한 정의이다. 사람은 인종 종교 정치 경제 사회의 상태 여하를 불문하고 고도의 건강을 누릴 권리가 있다는 것을 명시한 것이다.

과거에는 건강을 육체적 질병과 정신적으로 이상이 없고 개인적으로 정상적 생활을 영위할 수 있는 신체 상태를 말하였다. 그러나 오늘날에는 사회생활에 의존하는 경향이 커짐에 따라 사회가 개개인의 건강에 기대하는 것이 많아져 사회적 건강이란 면에서 이와 같은 정의가 생겨난 것으로 보인다. 또한 우리나라의 헌법에는 건강을 "모든 국민이 마땅히 누려야 할 기본적 권리"라고 규정하여 건강을 하나의 기본권적 개념으로 보고 있다.

이상의 건강에 대한 구체적 요소로는 육체의 신장과 체중 같은 외형적 계측값과 내장의 생리기능을 종합적 체력으로 분류하여 평가하기도 한다. 요약하면 건강이 무엇인가는 우리 개개인의 신체적 정신적 안전한 삶뿐만 아니라 국가와 세계 모든 인류가 완전하고 안녕한 상태에 놓인 것을 말하고 있다.

건강이 부족하면 모든 것이 무미건조해진다. 어딜 가나 허리와 다리가 후들거려 앉을 의자부터 찾게 된다. 아무리 좋은 여행을 하며 멋지고 진귀한 것을 감상하고 산해진미가 놓였다 해도 건강치 못하면 그림의 떡이다. 그러므로 건강을 해치는 담배와 술을 멀리하고 운동과 균형 있는 음식 섭취를 통해 자기 건강은 자기가 책임져야 한다.

우리가 건강을 유지하기 위해 노력하는 것은, 개인의 삶은 물론 가족 구성원과 사회와 국가를 넘어 범세계적 관심거리임을 명심할 필요가 있다. 예를 들면 코로나19의 감염이 자기만 국한되는 것이 아니라 가족과 사회 국가를 넘어 전 세계로 pandemic 상태에 놓이게 된다는 것이다. 그러므로 남이야 어떻든 간에 자기 자신만 건강하면 된다는 잘못된 인식을 바로 잡아야 한다는 뜻이다. 내가 건강해야 가족이, 그리고 사회와 국가가 함께 건강하며 행복한 삶을 이룰 수 있음을 명심할 필요가 있다.

건강의 명언

....

1. 금과 은이 아닌 진정한 부는 건강입니다. (마하마트 간디)

2. 건강이 있는 사람에게는 희망이 있습니다. 희망 가진 사람은 모든 것을 가지고 있습니다. (아라비아 속담)

3. 걷기는 최고의 운동이다. 멀리 걷기를 습관화하라. (토마스 제퍼슨)

4. 활력을 유지하십시오. 건강이 없는 삶은 물이 없는 강과 같습니다. (막심 라 가세)

5. 건강한 신체에 건강한 정신이 깃든다. (유베날리스)

6. 건강한 몸, 차분한 마음, 사랑으로 가득한 집. 이런 것들은 살수 없습니다. 반드시 획득해야 합니다. (해군 라비 칸트)

7. 진정한 침묵은 마음의 나머지 부분이며, 수면은 몸, 영양, 상쾌함을 영에게 주는 것입니다. (윌리엄 펜)

8. 행복은 최고의 건강 형태입니다. (라마승)

9. 인체는 인간의 영혼을 가장 잘 보여주는 그림입니다. (토니 로빈스)

10. 좋은 웃음과 긴 수면은 의사의 책에서 가장 좋은 치료법입니다. (아일랜드 속담)

11. 영을 지탱하고 정신을 활기차게 유지하는 것은 혼자 운동입니다. (마커스 툴 리우스 시세로)

12. 자신을 더 많이 이해할수록 더 많은 침묵이 있고 건강해집니다. (막심 라 가세)

13. 가장 큰 어리석음은 다른 종류 행복을 위해 건강을 희생하는 것입니다. (아서 쇼펜하우어)

14. 천재라고 불리는 것은 풍요로운 삶과 건강입니다. (헨리 데이비드 소로)

15. 의사는 당신을 건강하게 만들지 않습니다. 영양사는 당신을 날씬하게 만들지 않을 것입니다. 선생님은 당신을 똑똑하게 만들지 않을 것입니다. 전문가는 당신을 진정시키지 않을 것입니다. 멘토는 당신을 부자로 만들지 않습니다. 트레이너는 당신을 적합하게 만들지 않습니다. 궁극적으로 본인이 책임져야 합니다. 자신을 구하십시오. (해군 라비 칸트)

16, 몸을 건강히 유지하는 것은 나무와 구름을 비롯한 우주의 모든 것에 대한 감사의 표시다. (틱낫한)

17. 신체는 성스러운 옷이다. (마사 그레이엄)

18. 의무적으로 하는 운동은 몸에 해가 되지 않는다. 그러나 강제로 습득한 지식은 마음에 남지 않는다. (플라톤)

19. 강한 신체보다 강한 정신을 택하라. (피타고라스)

20. 모든 사람은 자신의 몸이라는 신전을 짓는 건축가이다. (헨리

데이비드 소로우)

21. 현명한 자는 건강을 인간의 가장 큰 축복으로 여기고, 아플 때 방법을 스스로 생각하여 배워야 한다. (히포크라테스)

22. 정신적 자각의 첫 단계는 몸을 통해 성취해야 한다. (조지 시한)

건강염려 증후군

요즘 TV의 인기 프로는 건강을 다룬 것들이다. 그만큼 건강에 대한 관심이 많다는 것이다. 어디 TV뿐이겠는가? 인터넷, 카카오톡, 밴드, 페이스북, 등 각종 매체의 건강에 대한 프로그램으로 글, 대화, 사진, 동영상으로 언제 어디서나 볼 수 있는 세상에 살고 있다. 이는 모든 사람이 건강하게 장수를 원해서일 것이다. 이처럼 각종 건강과 장수에 대한 정보가 홍수를 이루는 시대에 살고 있다. 그 결과 건강에 대한 상식은 과거에 비해 수준급인데, 반면에 건강염려증에 걸린 인구가 적어도 5% 정도라 한다. 소위 사회학적으로 회자 되는 medicalization (건강염려 증후군)이란 신조어이다.

medicalization이란? 젊어서 공무나 일상생활에 그렇게 활동적이고 적극적이던 사람이 정년하고 몇 년이 지나자 생활비도 넉넉지 못해 대소사에 빠지기 시작하며 친구 만나는 것도 소원해지는 시기에 먹으면 뱃속이 더부룩하고 귀가 잘 들리지 않고 시력이 갑자기 떨어지며 살도 빠지고 관절도 날씨만 찌뿌둥해도 쑤시며 조금만 움직여도 숨가파지고 예전과 달리 체력도 줄어들어 양귀비가 곁에 있어도 별 관심이 없어지는 현상이 나타난다. 그때마다 종합병원을 중심으로 각종 개인병원을 드나들며 진료받고 약과 주사를 맞으며 다니는 늙은이를 가리켜서 medicalization age(병원 의존성 세대)라고 한다.

이런 현상은 나이 들면서 자연 발생하는 신체 기관들의 반응을 마치 죽을병이라도 걸린 사람처럼 행동하는 세대로, 운동과 식사조절 등 식습관과 생활 습관만 바뀌어도 병원비와 약값 등 쓸데없는 비용을 줄이고 아무런 문제도 아닌 정신적 육체적 노쇠현상을 무슨 죽을병으로 착각하여 시간과 물질을 낭비함으로 본인도 괴롭지만 함께한 가족들에게도 부담을 주는 세대를 일컫는 말이다.

즉 필자와 같은 병약한 노인 세대를 일컫는 신조어라 자아 반성을 위해 지금부터라도 escape from medicalization(병원 의존성 탈피)을 위해 과민 반응에 자유로워져야 함을 위해 기록해 둔다. 다시 말하면 자신의 건강에 관심을 가지고 관리하는 것은 바람직하나 확실치 않은 다양한 정보들로 불안해하며 건강에 너무 집착해서는 안 된다는 것이다. 건강에 지나치게 집착하는 것보다 매일 잘 자고, 음식도 골고루 먹으며 적당한 운동을 즐기고 걱정을 잊고 사는 것이 건강하게 사는 비결임을 알아 둘 필요가 있어 게재한다.

건강의 중요성

최근 우리나라 인구의 약 30%가 일생 중에 한 번 이상 정신질환에 걸린다고 한다. 그래서 보건복지부에서 '정신 건강을 위한 십계명'을 발표하였다.

1) 세상을 긍정적으로 바라본다.

2) 작은 일에도 감사한 마음으로 산다.

3) 진심을 담아 반갑게 인사한다.

4) 식사는 천천히 세끼를 먹는다.

5) 대화는 상대방 입장에 서서 생각한다.

6) 모든 사람에게 칭찬거리를 찾는다.

7) 약속 시간에는 좀 여유 있게 간다.

8) 일부러라도 웃는 습관을 들인다.

9) 원칙대로 법을 지키며 정직하게 산다.

10) 작은 손해에 너무 연연하지 않는다.

특히 건강한 신앙생활을 위해 몸의 건강도 중요하고 마음의 건강도 중요하다고 발표하고 있다.

일본의 명의 신야 히로미 박사는 많이 걷기, 가끔 달리기, 충분한 수분 섭취, 복식 호흡, 천천히 씹고 조금씩 먹기 등 기본만 지켜도 건강해질 수 있는데 이러한 기본을 무시하고 영양제와 보양식, 특별한 건강관리법 등을 찾아 헤매는 사람들이 많다고 지적하고 있다. 건강만큼 사람들이 중요하게 여기는 것은 없다. 그러나 건강의 기본을 지키는 사람은 적다고 지적하고 있다.

건강의 중요성을 모르는 사람이 있을까마는 특히 필자와 같은 노인 세대들이 꼭 알아 두어야 할 계명이라 사료 되어 기록해 둔다.

건강과 운동

　모든 인생은 장수(長壽)를 원한다. 장수를 오복 중 하나라 여기며 오래 사는 것을 복의 으뜸으로 여긴다. 그러나 오래 사는 것보다 건강하게 사는 것이 더 중요하다. 그러므로 오래 살고 싶으면 건강하게 살아야 한다. 인생의 삶에서 최고로 꼽히는 것이 건강이라고 할 수 있다. 왜냐하면 돈을 잃으면 조금 잃은 것이요 명예를 잃으면 상당히 잃은 것이지만 건강을 잃으면 전부를 잃은 것이다. 우리는 건강하게 살아야 돈과 명예 그리고 행복을 누리며 살 수 있기 때문이다. 그렇다고 건강한 삶만 인생의 목적이요 목표라는 말은 아니다. 다만 인간다운 삶을 위해 건강한 육체와 건전한 정신뿐만 아니라 안녕한 영적 상태의 삶을 영위하는 것을 말한다.

　다시 말하면 육체와 정신뿐만 아니라 영혼까지 온전히 건강한 삶을 추구하는 것이 건강한 삶의 표본이란 것이다.

　(1) 육신 건강을 위해 필요한 운동을 해야 한다. 어느 누가 건강하

게 오래 살고 싶지 않을까마는 선천적 유전을 제외한 거의 모든 사람 특히 노인들이 운동의 중요성을 인지하지 못하고 있음을 안타깝게 느껴진다. 옛말에 밥만 잘 먹으면 건강하게 산다는 것을 진리로 받아들인 듯하다. 수많은 사람이 육체 건강의 가장 중요한 관점인 운동을 간과하므로 노환으로 불행한 노후를 보내고 있다. 당장 지금부터라도 의사들의 권면을 받아들여 가장 쉬운 걷기운동부터 시작하기를 추천한다. 참고로 10년 동안 65세 이상 노인의 걸음 수와 운동 효과를 측정한 결과를 기록해 둔다. 하루에 4,000보를 걷는 사람은 우울증이 없어졌고 5,000보를 걷는 사람은 치매, 심장질환, 뇌졸중을 예방하고 7,000보를 걸은 사람은 골다공증, 암을 예방하고 8,000보를 걸으면 고혈압, 당료를 예방하고 10,000보를 걷는 사람은 대사증후군을 예방할 수 있다는 조사 결과가 발표되었다.

(2) 정신 건강을 위해 글을 읽고 쓰면 더욱더 효과적이다. 책을 읽고 글 쓰는 과정을 통해 뇌 건강은 물론 지식과 지혜를 위한 학습과 탐구에 꼭 필요한 요건들이다. 정신 건강 역시 육신의 건강 못지않게 중요하기 때문이다. 모든 행동은 정신으로부터 나온다. 옳고 그름의 인간다운 행동과 건강을 위한 육체적 운동도 정신으로부터 시작이 된다. 문제는 정신이 올바르지 않으면 행동 역시 그르게 된다. 정신적 건강을 위해서 건전한 가정교육과 정상적인 학문적 교육도 받아야 한다. 정신건강 증진을 위한 수많은 방법이 있겠으나 독서와 글쓰

기를 강력히 추천한다. 그리고 꼭 전문작가는 아닐지라도 매일 일기와 시나 수필 등 일상의 감정을 기록해 보는 것도 건전한 정신 건강을 도모할 수 있다.

(3) 영적 운동을 위해서 종교를 갖는 것이 매우 중요하다. 필자는 예배와 기도라는 영성 과정을 통해 영적 세계의 건강한 삶을 영위하고 있다. 그렇다고 하여 전혀 죄를 짓지 않는다는 말은 아니다. 죄짓지 않은 인간이 어디 있으랴마는 감사하게도 그리스도인에게 회개의 특권이 있으므로 회개하면 용서받게 된다. 그러므로 영적 운동은 취사선택이 아니라 필수항목임을 명심해야 한다. 왜냐하면 인간은 영적 존재이기 때문이다. 영적 세계는 사람의 눈으로 보이지 않으나 분명 존재하는 놀라운 힘을 가진 신비한 세계이다. 다른 동물들은 육과 혼(정신)만 있지만 인간에게는 영의 내면세계가 있다. 꼭 종교인이 아니더라도 위기와 죽음 앞에서는 누구나 신을 찾는다. 기독교인뿐만 아니라 타 종교를 믿는 사람들 역시 자신이 믿는 신을 부르게 된다. 이런 현상만 봐도 인간은 영적 존재임이 증명되고 있다.

그러나 운동에 절대 무리는 금물이다. 과유불급(過猶不及)이란 사자성어처럼 매사에 과하면 문제가 생기는 법이기 때문이다. 필자도 평소에 자전거 운동에만 치중했던 것이 문제였다. 걷는 근육과 자전거 타는 근육이 다르다고 한다. 퇴행성관절염이 발생한 데다 자전거만 무리하게 탓 던 것이 화근이었다.

앞 장에서도 언급했듯이 걷기는 실로 삶의 만병통치약과 같다. 걷기가 이렇게 큰 유익을 주는 줄은 예전에 미처 몰랐었다. 걷기의 효과를 몸소 체험하고 나서 걷기 예찬론자가 되었다. 100세 시대의 팔복 중 최고의 비결은 건강이요 건강한 삶 중 하나가 걷기임을 새삼 깨닫게 되었다.

걷기에 관한 유명 인사들의 말에 이미 의학적 건강효과가 증명되었다. 토머스 제퍼슨은 "걷기는 최고의 운동이다. 멀리 걷기를 습관화하라."라고 하였고, 그리스 의학자 히포크라테스는 "최고의 약은 걷는 것이다."라고 했으며, 아산병원장 박성욱 박사는 "걷기는 심장병의 주원인인 동맥경화 즉 체지방을 연소시키는 효과가 뛰어나며 혈액 순환을 원활하게 해주어 심장병 예방에 많은 도움을 준다."라고 했다. 하타노 요시로우는 "걷기로 생활 습관병의 80% 이상 예방이 가능하며 노화를 방지하고 관절이 튼튼해짐은 물론 치매의 예방에도 좋다."라고 했으며, 캐나다의 운동 노화 예방센터 표어에는 "일주일에 세 번 30분씩 빠른 걸음으로 걸으면 나이를 10년 되돌릴 수 있다."라고 했다. 영국 속담에는 "우유를 마시는 사람보다 우유를 배달하는 사람이 더 건강하다."라고 했고, 독일의 철학자 니체는 "진정 위대한 모든 생각은 걷기로부터 나온다."라고 했다. 미국의 작가이며 시인인 헨리 데이비드 소로는 "내 다리가 움직이기 시작하면 내 생각도 흐르기 시작한다."라고 했고, 사르트르는 "인간은 걸을 수 있는 만큼 존재한다."라고 했다.

아침에 걷든 저녁에 걷든 매일 같은 시간에 꾸준히 규칙적으로 산책하듯 30분 정도 걸으면 된다. 만일 무릎이 아프면 10분씩 3번을 걸어도 무방하다. 스쾃(팔을 펴고 무릎 꾸부려 펴기)을 하면 금상첨화이다. 모든 사람이 운동의 중요성을 잘 아는 것 같지만, 아는 것(지식)과 실천(행동)과는 괴리가 있다. 아는 만큼 행동하기가 쉽지 않다는 말이다. 많은 사람이 건강에 문제가 발생하면 그제야 건강을 챙기게된다. 건강은 건강할 때 챙겨야 한다는 말을 잘 알고 있지만 건강을 잃은 후에야 깨닫고 후회하게 된다. 후회한 후에 회복하기란 후회 전보다 100배나 힘들고 엄청난 병원 수업료를 지출해야 한다. 그러므로 평소에 적당한 운동으로 심신을 단련하는 습관을 반드시 길러야한다.

마지막으로 권장할만한 운동은 수영이다. 필자는 수영만은 포기할 수밖에 없었다. 왜냐하면 어릴 적에 부모님을 따라 조부모님 댁에 가는 여객선 부교에서 시퍼런 바닷물을 보고 놀란 트라우마가 있고, 고등학교 2학년 여름방학 때 여수 오동도 앞 방파제를 수영하다가 왼쪽 다리에 쥐(경련)가 나서 거의 익사할 뻔한 사고를 당한 경험이 있었기 때문이었다. 그 후로 수영에는 자신이 없을 뿐 아니라 물이 무섭기까지 했다. 은퇴 후 무리한 자전거 타기로 관절염이 심해 걷기조차 어렵게 된 때 둘째 딸의 강권으로 수영하기 시작하면서부터 두려움을 벗어날 수 있었다. 코로나로 인해 수영장 출입이 제한되어 쉬었다가 2개월 전부터 다시 수영을 재개했다. 수영장에서 걷기와 수영을 통해 심한 통증이 상당히 호전됨을 경험하고 있다. 전신운동으로 최고의 효과와 재미가 있을 뿐 아니라 특히 senior(어르신)들의 심폐기능과 전신운동에 적합한 운동임을 체험할 수 있어 적극적으로 추천한다.

100세 시대의 건강

우리나라가 2030년이면 초 고령사회가 된다고 한다. 지금처럼 고령화 시대에도 늙은이가 넘쳐나는데 8년 후면 국민의 25%인 4분의 1이 초고령 노인이고 보면 누가 이들을 먹여 살릴 것인가? 노인들을 부양할 젊은이들은 적어지고 수혜자만 많게 되어 노인 천국이 될 것이다. 과연 우리나라의 경제적 문제는 어떻게 될 것이며 노인복지 또한 어떻게 할 것인가를 심층분석 해야 할 것이다. 인간은 출생 후 성장기를 거치며 젊음에서 늙음으로 그리고 죽음으로 이어진다. 이러한 단순한 진행 과정에 한 가지 빠진 것이 있다면 바로 인간의 깨달음이다. 인간은 나이가 들어 삶이 깊어질수록 이치를 알아가며 깨달아간다. 인간이 영원히 활력 넘치고 혈기 왕성한 젊음만 있다면 육체적 삶에 빠져 깨달음의 경지에 닿을 수 없을 것이다. 연륜과 삶의 경험을 통해 감사함과 겸손함을 배운 사람은 내면이 점점 깊어지며 채워져 성장과 성숙을 경험해 가는 것이다.

데이비드 보차드는 "나이 든다는 것은 진정한 당신이 되어 간다는 것을 의미할 뿐이다."라고 했고, 윈스턴 처칠은 "모두에게 전성기가 있지만 어떤 이들의 전성기는 다른 이들보다 더 길다."라고 말하였다. 『가슴이 뛰는 한 나이는 없다』라는 책은 현역 번역가인 김욱 작가가 84세에 펴낸 첫 번째 책이다. 작가는 "우리는 죽을 때까지 진화한다. 꿈이 있는 인생은 나이와 무관하다. 반대로 꿈을 잃으면 생물학적 나이가 20대라도 죽은 목숨이다. 나는 남들이 운전대를 놓은 65세에 처음으로 운전대를 잡았고 세 번 만에 운전면허 필기시험에 합격했다. 주행시험에서 시동을 꺼트려 떨어졌지만 지금 고속도로를 120㎞로 달린다. 우리는 죽을 때까지 진화한다."라고 기록하고 있다.

그러므로 100세 시대 고령화 시대를 살면서 초고령 시대를 앞둔 노인들에게 꼭 필요한 것이 건강 문제이다. 현재도 젊어서 뼈 빠지게 골병들도록 번 돈을 써보지도 못하고 대부분 병원비로 다 쓰는 실정인데 8년 후 초고령 시대를 어떻게 살 것인가를 고민할 때이다. 지금도 노인의 상당수가 죽지 못해 사는 지옥 같은 삶이 지속되고 있다. 공경받고 행복한 여생을 보장받음이 마땅한 노인들의 삶이 한탄하며 죽기를 기원하는 노후가 지속되고 있다는 것이다. 과연 장수를 선호하며 100세 시대를 사는 것이 인생의 오복 중의 하나가 맞는 말일까 싶다.

100세 시대를 맞아 오래 살기를 원하지만 건강하게 오래 살 수 있어야 함을 명심해야 한다. '걸, 생, 누, 사'라는 웃기는 신조어가 있다.

걸으면 살고 누우면 죽는다는 심정으로 걸으라는 말이다. 게으른 습관과 무슨 핑계를 대서라도 운동을 피하려는 게으름의 매너리즘에서 벗어나야 한다. 무슨 일이 있어도 어떻게 해서라도 자리에서 일어나야 한다. 그래서 옷 입은 그대로 언제 어디서나 할 수 있는 가장 기초적이며 비용지불도 필요 없는 걷기운동부터 시작하기를 권면한다.

필자의 건강법

필자는 부모로부터 건강한 DNA를 물려받아 군대를 제대할 때까지 감기 한 번 걸리지 않을 만큼 건강한 삶을 유지했다. 그 덕분에 중학교 때부터 배구선수로 선발되어 체육장학생으로 고등학교를 졸업할 수 있었다. 매일 학과가 끝나면 운동을 시작했고, 특히 각종 대회가 발표되면 시합 준비에 몰두했다. 준비운동부터 체력단련을 위한 학교 뒷산 정상까지 선착순 달리기, 계단 빨리 뛰어 오르내리기, 운동장 빨리 달리기 등으로 몸을 풀고 본격적인 position(위치) 연습이 시작된다. 필자는 킬러(killer)라는 공격수였기에 몇 시간씩 점프와 스파이크(ball spike) 공격을 수십 번씩 반복하고 나면 진액이 빠져 하늘이 노랗게 보이기까지 했다. 그런 강화훈련을 통해 건강한 몸을 유지할 수 있었다. 아무리 건강한 몸으로 태어나도 운동으로 단련하지 않으면 건강을 보장받지 못한다.

건강한 삶을 위한 필수조건은 운동이다. 거기에 균형 영양식과 적당한 쉼을 가지면 금상첨화라 할 수 있다. 행복한 삶의 으뜸은 건강하게 사는 것이고 건강을 위한 1순위는 운동임을 기억해야 한다. 군대 생활을 거쳐 경찰 생활 중에도 직무 특성상 운동을 계속했기에 176㎝ 신장에 66~67㎏의 날렵한 몸매를 유지하며 건강만은 자신 있다고 큰소리쳤다.

그런데 갑작스러운 생활 변화로 45세 전후부터 운동이 싫어지는 반면 먹는 것에 희열을 느껴 대식가가 되기 시작했다. 급기야 몸무게 108㎏의 위대(胃大)한 배(복부) 사장이 되고 말았다. 그 결과는 끔찍했다. 고도비만에 관절염, 고혈압, 당뇨환자가 되었고 급성심근경색으로 119구급차에 실려 서울대학병원 응급실에서 관상동맥에 스텐트 3개를 삽입하고 구사일생으로 목숨을 건질 수 있었다. 촌각을 다투는 생명의 위협과 상당한 경제적 손실을 경험하고서야 비로소 건강의 중요성을 다시 깨닫게 되었다.

그 후 담당 의사의 권면에 따라 자전거 타기를 시작하였다. 동호인 4명과 함께 안산 시니어 엠티비 클럽(Ansan senior mtb club)을 조직하고 십수 년간 함께 주행하면서 건강 증진에 힘쓰고 있다. 물론 건강회복에 큰 도움이 되었다. 그러던 중 2017~2018까지 약 2년여에 걸쳐 국토 종주를 시작으로 4대강과 그랜드 슬램(Grand slam)에 도전하여 우여곡절 끝에 달성했다. 그랜드 슬램은 모든 자전거 라이더들의 로망이며 자랑이기도 하다. 자전거 riding은 육체와 정신 건강에도 유익할 뿐만 아니라 특히 인생살이의 교훈이 되기도 한다.

(1) 자전거는 페달을 움직여야 한다. 아무리 자전거를 잘 타는 라이더(rider)라 할지라도 페달을 밟고 움직이지 않으면 넘어지는 것이 자전거의 특성이다. 우리 인생살이 역시 움직여야 건강하고 생존을 유지하며 살 수 있음을 교훈해준다.

(2) 자전거는 양쪽 페달을 사용해야 한다. 우리의 삶도 마찬가지이다. 내 혼자는 살 수 없는 인생임을 교훈하고 있다. 아무리 크고 멋진 신형 비행기라 할지라도 한쪽 날개로는 날 수 없듯이 남녀노소, 빈부귀천, 보수와 진보, 여와 야, 동서남북이 서로가 함께 더불어 인정하고 협력할 때 우리들의 가정과 사회와 국가가 안정되게 발전할 뿐만 아니라 행복하게 됨을 교훈해준다.

(3) 자전거는 평지에만 골라 탈 수 없다. up hill(고갯길)과 down hill(내림 길)도 타야 한다. 늘 안전하고 행복한 평지뿐만 아니라 너무 힘들어 숨 멎을 것 같은 고갯길도 타야만 한다. 우리 인생길에도 순풍에 돛단 듯 평지나 내림 길 같은 평탄한 삶을 살기도 하지만 때로는 삶을 포기하고 싶은 극단적 상황을 만나기도 함을 깨닫게 한다.

(4) 자전거는 계절이 없다. 자전거는 따뜻한 봄에만 타는 것이 아니라 땀 흘리는 여름과 오곡백과 풍성한 가을에도 타야 하고 심지어 북풍한설 몰아치는 겨울에도 타야 한다.

(5) 자전거는 포장도로로만 타는 것 아니라 비포장도로도 타야 하고 산악과 개울, 진흙탕 길과 샛길이나 농로에서도 타야 한다. 인생길도 내가 취사선택한 삶만 살아갈 수 없음을 깨닫게 한다.

(6) 자전거는 두 팔로 끌 때도 있고 어깨에 멜 때도 있다. 갑자기 타이어 파손이나 고장 날 때는 끌고 가든지 메고 가든지 무슨 방법을 이용해서라도 목적지까지 가야만 한다. 이와 같은 자전거 타기를 통해 인생사의 고난을 이겨내야 함을 배우게 된다.

자전거 운동은 유산소 운동뿐만 아니라 근력운동과 정신 건강까지 챙길 수 있고 심폐지구력 강화, 열량(칼로리) 소모로 인한 지방 및 체중 감소, 체내 콜레스테롤 감소, 고유 감각(균형 감각) 향상, 뼈의 강화, 스트레스 해소 등의 효과가 있다.

자전거 라이더들에게 참고되기를 바라는 마음으로 국토 종주 코스와 4대강 종주 그리고 그랜드 슬램 구간을 게재한다.

(1) 국토 종주 자전거길 (인천 아라서해갑문에서 낙동강하구둑까지 633㎞), (2) 4대강 종주 자전거길(한강 금강 영산강 낙동강), (3) 그랜드 슬램 구간: 1) 아라 종주 자전거길(아라 서해갑문에서 아라한강갑문까지 21㎞), 2) 한강 종주 자전거길 서울 구간(아라한강갑문에서 팔당대교까지 56㎞), 3) 남한강 종주 자전거길(팔당대교에서 충주 탄금대까지 132㎞), 4) 한강 종주 자전거길(아라한강갑문에서 충주댐까지 192㎞), 5) 북한강 종주 자전거길(밝은 광장에서 신매 대교까지 70㎞), 6) 새재 종주 자전거길(충주 탄금대에서 상주 상풍교까지 100㎞), 7) 오천 종주 자전거길(행촌교차로에서 세종 합강 공원까지 105㎞), 8) 낙동강 종주 자전거길, 상류(안동댐에서 낙동강하구둑까지 389㎞), 9) 낙동강 종주 자전거길, 하류(상주 상풍교에서 낙동강하구둑까지 324㎞), 10) 금강 종주 자전거길(대청댐에서 군산 금강하구둑까지 146㎞), 11) 영산강 종주 자전거길(담양댐에서 목포 영산강 하

굿둑까지 133㎞), 12) 섬진강 종주 자전거길(전북 순창 섬진강댐에서 전남 광양 배알도 수변공원까지 149㎞), 13) 동해안 종주 자전거길, 강원구역(고성 통일전망대에서 삼척 고포마을까지 142㎞), 14) 동해안 종주 자전거길, 경북구역(울진 은어 다리에서 영덕 해맞이공원까지 76㎞), 15) 제주 환상 종주 자전거길 (제주 일주 234㎞)를 말한다.

PART 3

세 번째 복:

취미(hobby)

　필자는 글쓰기가 취미로 발전할 줄은 꿈에도 생각하지 못했다. 글쓰기는 목회 현역 시절 설교원고를 작성하는 정도였다. 우연히 소속 노회 은퇴목사회장으로 섬기면서 현역 목사요 책 쓰기 코칭 전문가인 박성배 박사의 글쓰기 강의를 수강하면서부터 글쓰기에 도전했다. 수강 후 졸작 『늦깎이 목사의 목회여담』이란 자서전을 처음 출간할 수 있었다. 현재도 그 졸작을 구독한 독자들의 축하와 격려로 두 번째 책 『늦깎이 목사의 100세 시대 팔복(八福)』을 집필 중이다.

취미란 무엇인가?

인간이 각자가 즐거움을 얻기 위해 좋아하는 일을 지속해서 좋아하는 것, 현대적 의미의 여가선용(餘暇善用)을 말한다. 학생이라면 공부가 첫 번째 본분이겠지만 하루 24시간을 공부만 할 수는 없는 일이다. 가령 휴식 시간이나 공휴일 등에 더욱 알차고 재미있게 보낼 수 있는 것을 취미라 한다. 즉 한가한 시간에 일이나 공부하지 않았다고 해서 시간을 낭비했다고 할 수 없다. 오히려 잘 활용하면 생활의 활력소가 되어 생기있는 삶을 이뤄 갈 수 있다. 옛날에는 농경문화를 이루어 살았기 때문에 온 동네 사람이 함께하는 강강술래나 차전놀이처럼 함께 하는 것이 많았고 신분과 성별 차이로 양반들은 서예나 수놓기를 했으나 평민들은 씨름, 널뛰기, 연날리기 등 민속놀이를 했다. 그러나 현대에는 기계와 교통수단의 발달로 운동, 놀이, 여행, 자기 계발, 봉사활동 여가 선용이 많이 변하고 있음을 알 수 있다.

취미의 종류는 다양하다. 다양한 사람들이 있는 것처럼 개인의 취미 역시 다양하다. 즉 수집하기, 만들기 등 우리 주변에서 흔히 볼 수 있는 취미 활동을 중심으로 나열해 보기로 한다.

1. 수집하기(collecting): 우표, 병뚜껑, 야구 카드, 동전, 사진, 모형 인형(figures), 등 다양한 물건들을 모으는 취미를 말한다.

2. 만들기(making, building): 조립식 장난감, 레고, 모형 기차, 십자수, 뜨개질 등 손으로 만드는 것이 있다.

3. 야외활동(outdoor recreation): 야구, 배구와 같은 스포츠와 도보 여행, 등산, 동굴탐험, 래프팅, 행글라이더 타기, 암벽타기 등이 있다.

4. 그 외에도 비디오와 컴퓨터게임, 보드게임, 체스, 글쓰기, 그림 그리기, 독서, 영화 보기, 여행, 요리, 마술, 춤, 음악 듣기, 사진 찍기 등이다.

취미는 바뀌기도 하고 새로운 취미가 생기기도 하니까 멋진 취미를 갖는 것은 인생살이 가운데 청량음료 같은 신선한 맛을 느끼는 유익을 얻을 수 있어 각자의 성향에 맞는 좋은 취미생활로 즐거운 삶을 영위하기를 권면한다.

좋은 취미

어떤 취미가 좋은 취미일까? 워런 버핏은 "당신이 좋아하는 게 있으면 그걸 취미로 삼아라. 그리고 세상이 좋아하는 게 있으면 비즈니스로 삼아라."라고 했다. 어떤 취미가 좋은가 하는 것은 정답이 없을 듯하다. 왜냐하면 사람마다 성별이 다르고 삶의 환경과 형편이 다르고 성격과 체형이 다르며 경제적 여력과 교육의 수준이 다르기 때문이다.

그러므로 취미는 자기의 형편과 처지에 따라 가장 좋아하는 것을 택하여 여가를 선용하면 그것이 바로 취미요 좋은 취미라 여겨진다.

누구의 강요나 지나친 간섭에 의한 취미는 얼마 가지 못해 버려지기 일쑤다. 그러므로 함께 할 수 있는 누군가가 있으면 취미의 재미는 배가 될 것이다. 가령 부부간에 같은 취미를 갖는다면 퍽 이상적일 것이다. 부모와 자녀가 함께 하는 취미가 있으면 부모 자녀 간의 이해와 관계가 훨씬 좋아질 것이다. 친구와 더 나아가 그룹으로 취미 생활을 하면 더 밀접한 우정이 깊어질 것이다.

부자는 돈부자만이 아니다. 즐길 수 있는 좋은 취미 부자도 돈, 부자에 못지않다. 즐길 수 있는 좋은 취미를 통해 늘 생기가 넘치고 즐거움과 설렘을 갖는 것은 행복 그 자체이다. 혼자 즐기는 취미도 좋고 더불어 하는 단체 취미도 좋다.

자전거 동호회나 등산 동우회도 좋다. 아니면 서예반이나 합창단도 무방할 것이다. 어쨌거나 혼자든 단체든 간에 건전하고 보람되며 행복을 느끼는 좋은 취미생활은 삶의 큰 유익을 주는 행복의 일부분이라 할 수 있다.

필자는 자전거와 수영 동호회에 속하여 특별한 일과 외출이 없는 한 동호회에 참석하여 여가를 즐긴다. 서로 만나 상호 간의 대화를 통해 친교와 정을 나눌 수 있어 유익할 뿐만 아니라, 자전거 타기와 수영하는 시간을 통해 행복감을 느껴 참 유익하고 건강도 더 좋아져서 감사하다.

그러므로 누구든지 자기에게 알맞은 좋은 취미생활로 활력과 감사가 넘치는 생활이 되기를 기원한다.

나쁜 취미

무슨 일에나 과유불급(過猶不及)이 무서운 결과를 초래하게 된다. 예를 들면 친구들과 즐기던 카드놀이도 과하면 도박중독자가 되어 자기 인생을 파멸시킨다. 컴퓨터게임도 마찬가지이다. 도가 지나치면 게임중독에 빠져 게임 중독자로 인생 낙오자가 되기 마련이다. 매사가 다 그렇다. 좋은 취미생활은 인생살이의 윤활유와 활력소가 되지만 과하면 불행한 파멸을 초래할 뿐이다. 좋은 취미라도 절제 능력이 필요하고 특히 좋지 않은 나쁜 취미생활은 과감히 척결하는 결단력을 발휘하여 후회함 없는 인생이 되어야 할 것이다.

필자의 젊은 시절에 속칭 삼봉이란 화투 놀이가 마치 코로나19 오미크론처럼 퍼져 대유행했던 때가 있었다. 친구들과 어울려 한 번 두 번 즐기던 것이 언제부터인가 잘못된 취미가 되어 시간 날 때마다 화투 놀이를 즐겼다. 처음에는 점심이나 저녁 식사비 정도로 시작했지만 때로는 밤샘도 하며 많은 돈을 잃어 건강과 경제적 손실뿐만 아니라 가정불화의 시초가 되기도 했다.

또 다른 하나는 바둑이다. 바둑은 명실공히 인류가 낳은 가장 높은 지적 능력을 요구하는 보드게임으로 품위와 예절을 갖추어야 하는 게임이다. 필자가 젊은 적에 바둑을 취미 삼아 공인 5급 정도의 실력으로 즐기던 때가 있었다. 여기에도 사행심이 발동하여 한집(1점)에 100원 내기부터 시작하여 나중에는 1,000원 내기까지 하다 보면 그것을 통해서도 재물과 건강을 해치는 결과를 경험했었다.

그뿐만 아니라 내기당구와 낚시에 정신을 팔려 시간과 돈 그리고 건강을 잃는 어리석고 부끄러운 과거사가 있다. 이런 창피한 과거사를 기록함은 나쁜 취미의 폐해를 경고하고자 함이다.

필자 친구의 자녀 중에 컴퓨터게임 중독에 빠져 삶의 의욕을 잃고 가상공간을 현실과 혼동하는 정신착란증이 발병하여 학교생활뿐만 아니라 사회생활까지 낙오자가 되는 안타까운 현실을 맞고 있다. 심리상담은 물론 정신과 의사의 진료를 장기간 받고 있다.

그 외에도 경마, 복권, 도박, 주색잡기는 취미라기보다는 투기나 사행심으로 취미나 오락이 아닌, 한 번뿐인 인생을 파멸시키는 무서운 죄악임을 명심해야 한다. 건전한 취미생활로 삶의 활력을 받아 행복한 인생이 되기를 바란다.

이처럼 잘못된 취미생활은 경제적 금전 문제를 비롯하여 육체와 정신 건강까지도 해치는 무서운 결과를 초래하게 된다. 매사가 다 그렇지만 특히 나쁜 취미생활이 지나치면 화를 당하기 일 수이다. 과유불급(過猶不及)이란 사자성어를 꼭 기억해야 할 것이다.

걷기

    필자의 경험으로는 행복한 가정생활을 위한 최고의 방법은 부부가 함께할 수 있는 취미생활이 아닐까 싶다. 80세가 넘어서 아내와 함께 걷기운동이 취미가 되었다.

    평소에 무릎 통증으로 자동차와 자전거에만 의존하며 걷기를 싫어했다. 그 결과 무릎관절 통증이 점점 더 심해졌다. 그 무렵 필자와 서울 장신 사회복지 대학원 동기이며 피차 존경하는 윤대영 목사의 권고로 아내와 함께 매일 걷기운동을 시작했다. 결과적으로 근육과 신경 재활치료에 상당한 효과를 보게 되면서 취미생활이 되었다.

    걷기운동이 취미가 된 다른 이유는 아내와 한평생 살면서 못다한 대화를 통해 새삼 정감 어린 애정을 느낄 수 있었기 때문이다. 함께 걸으며 대화하고 피차 밀어주고 당기면서 보살핌을 주고받는 순간순간마다 부부의 정(사랑)을 확인하며 고마움과 행복을 느끼게 된다. 걷기운동이 취미가 되니 건강에도 이롭고 보람된 활력소가 되었다. 걷기운동 덕택으로 취미생활의 중요성과 필요성을 다시금 깨닫는 계기가 되었다.

앞에서 빠뜨린 유명 인사들의 걷기운동에 대한 명언을 보충하여 게재한다.

『에밀』 등 유명한 책을 남긴 장 자크 루소는 "나는 걸을 때 생각할 수 있다. 걸음이 멈추면 생각도 멈춘다. 나의 정신은 오직 나의 다리와 함께 움직인다."라는 걷기와 생각에 대한 유명한 말을 남겼다.

『꿋꿋이 나답게 살고 싶다』 외 다수의 책을 저술한 박성배 작가는 "역경 중에 걸으며 기도하고 미래를 설계하였다. 그럴 때면 기적같이 모든 일이 이루어져 가는 것을 체험하였다."라고 술회하고 있다.

『걷기의 세계』 저자 셰인 오마라는 "걷기는 몸에 좋고, 뇌에 좋으며, 나아가 더 나은 사회를 만든다."라고 하면서 "걸으면 뭔가에 몰입하게 되고 생각의 실타래가 술술 풀릴 때도 많다. 마이크로소프트 창업자 빌 게이츠는 산책하면서 일의 우선순위 정하기를 즐겼고 애플의 스티브 잡스도 창의성은 머리가 아니라 두 다리에서 나온다고 믿는 사람들이었다."라고 말한다. 뇌과학자인 저자는 알면 알수록 경이로운 걷기의 세계를 깊이 들여다보며 꼭 과학적 뿐만 아니라 멍게의 움직임부터 고찰한다면서 걷기에 좋은 도시를 살피고, 걸으면서 번득이는 영감을 얻는 이유를 파헤치며, 걷기에서 드러나는 사회적 의미도 추적한다. 걷기는 단순히 근육과 관절의 움직임이 아니라 호흡, 신경, 심장의 조화롭고 복합적인 움직임이라고 설명하고 있다. 저자는 좋은 도시는 걷기 편하고(Easy), 접근성이 좋아야 하며(Accessible), 안전하고(Safe), 즐거워야 한다(Enjoyable)고 정리하면서 고령화 시대를 맞아 신호등의 시간 등 도시 재점검이 필요하다고 지적한다. 걸으면서 생각한 내용으로 책을 쓴다는 저자가 내린 결론은 "당장 나가서 걸어라. 얼굴에 스치는 바람을 느껴라. 걷기는 우리에게 무한한 도움을 줄 것이다."라고 말하고 있다.

독서와 글쓰기

········

  필자는 독서와 글쓰기가 취미로 발전할 줄은 꿈에도 생각하지 못했다. 글쓰기는 목회 현역 시절 설교원고를 작성하는 정도였기 때문이었다. 우연히 소속 노회 은퇴목사회장으로 섬기면서 필자와 같은 노회 소속이던 현역 목사요 책 쓰기 코칭 전문가인 박성배 박사의 글쓰기 강의를 모든 회원과 함께 수강한 후부터 글쓰기에 도전했다. 졸작 『늦깎이 목사의 목회여담』이란 자서전을 첫 출간할 수 있었다. 그 졸작을 구독한 독자들의 축하와 격려로 두 번째 책 『늦깎이 목사의 100세 시대 팔복』을 집필 중이다.

  사실 글쓰기가 취미라 했지만 때로는 스트레스가 될 만큼 부담스럽기도 하다. 그러나 '가다가 중지 곧 하면 아니 감만 못 하리라.'라는 격언을 거울삼아 조금씩 쓰는 습관을 갖다 보니 재미를 넘어 취미가 되었다. 사실 글을 쓰다 보면 정신이 맑아지고 뇌 건강이 향상되며 풍성한 지식을 얻을 수 있어 참 좋다. 책을 쓰기 위해 책을 읽어야 하고, 사전을 찾아야 하며, 각종 매체를 수집하는 일에 시간과 노력이 필요함은 말할 나위가 없다. 그러자니 은퇴 후 일상생활에 무력감이나 무료함을 느낄 틈이 없어 취미생활로 권장할만하다. 글을 쓰다 보면 생각하지 못한 좋은 글이 써질 때가 있다. 그때 느끼는 희열과 쾌감은 글이 잘 써지지 않아 받는 스트레스보다 더 큰 보상으로 다가온다. 그 재미를 느껴 밤을 꼬박 새우기도 한다. 아마 다른 작가들도 이런 기분으로 글을 쓰지 않을까 싶다. 조금 더 일찍이 글쓰기에 도전하지 못했음이 아쉽고 후회스럽기도 하다.

그러나 "우리의 과거는 그저 서막에 불과할 뿐이다."라고 외친 이디스 해밀턴의 고백에 용기와 자부심을 느껴 본다. 그녀는 교장직에서 60세에 정년 은퇴 후 63세가 되던 1930년 어느 날, 『고대 그리스인의 생각과 힘』이라는 책 한 권을 발표하면서 화려한 인생 2막이 펼쳐진다.

보통 사람들은 환갑을 지나게 되면 인생의 뒤안길에서 여생을 정리할 시기라고 생각할 수 있다. 새롭게 일을 시작할 의욕도 없고 희망찬 미래보다는 과거 추억 속에 빠져 살아가는 것이 일반적인 모습이다. 그러나 그녀는 인생의 본 막이 아직 시작되지 않았다고 외치며 쓰기 시작했던 한 권의 책이 자신의 인생을 바꿔놓을 줄은 꿈에도 몰랐을 것이다. 이 책이 출간되자 사람들은 깜짝 놀랐다. 그녀가 상상력을 동원해 쓴 고대 그리스인들의 생각과 힘은 지금 이 시대를 살아가는 현대인들에게도 지혜와 생활의 방식을 일깨워주기에 충분했다.

이 책을 한마디로 요약하면 "고난을 통해 지혜를 얻는다."라는 것이다. 그녀는 이 책으로 유명 인사가 되어 백악관의 단골 강사가 되었고 95세까지 살면서 자신이 쓴 책을 통해 그리스인의 지혜를 세상과 소통하며 행복한 인생을 살았다.

수석 수집

수석을 수집하고 감상하는 것도 필자의 취미가 되었다. 왜 젊었을 때 이런 취미를 갖지 못했을까 후회가 된다. 하긴 젊어서는 직장생활과 목회에 전념하느라 수석을 수집할 시간이 없었고 더구나 수집할 비용도 없었을 뿐만 아니라 만지고 감상할 만한 심적 여유조차도 없었다. 취미로 여유를 즐길 만한 시기에 사업의 부도라는 날벼락을 맞았으니 육신과 영혼이 비틀거리는 상황 속에 무슨 취미라는 배부른 여가를 선용할 수가 없었다.

옛말에 초년고생은 사서라도 하라는 말이 있듯이 뒤돌아보면 연단의 세월이 있었으니 망정이지 순탄하여 잘나가는 삶만 살았더라면 안하무인이 되어 교만한 졸장부가 되었을 것이다. 세상에서 필자만큼 큰 고난을 겪은 분이 얼마나 있을까 싶다. 그랬든 필자가 지금은 취미를 가질 만큼 여유로워졌으니 이 모든 것이 다 하나님의 은혜라고 생각한다. 그러자니 삶의 여유란 사치품 같았고 특히 수석을 수집하고 감상한다는 것은 마치 뜬구름 잡는 듯하여 나와는 상관없는 상상의 세계에서나 하는 것으로 여겼다. 이렇게 몇 점의 수석이라도 소장하여 감상할 수 있는 것이 은퇴 생활이 가져다준 100세 시대의 여유로움이라 여겨 세상에서 가장 행복한 사람이라고 여유를 부려 본다.

취미는 각자의 삶의 형편과 처지에 따라 언제 어디서든지 달라질 수 있다. 필자가 소장한 몇 점의 수석은 고가(高價)이거나 진귀(眞貴)한 것은 아니다. 목회 현역 시절에 집회를 통해 한두 점씩 선물로 받은 것이다. 그리고 은퇴 후 자전거 동호회 박진수 사장님과 필자의 고모님으로부터 받은 선물이다. 또한 성지순례 중 길거리 꼬마들의 애원에 5달러를 주고 사 온 것도 있다. 사실 수석을 수집하는 분들의 소장품들과는 비교가 되지 않을 만큼 보잘 것은 없는 수준이다. 그렇지만 그것들을 감상할 수 있는 여유로움과 행복감만은 내 인생 황혼 노을 역에 즐거움과 감사를 느끼는 시간 임이 틀림없다.

수석을 좋아하는 분을 애석가(愛石家)라 하고 애석가는 수석을 알아야 한다. 혹자는 수석이란 자기 취향대로 모으면 되지 수석에 대해 무슨 이론이 필요하냐고 하겠지만 돌이라 하여 다 수석은 아니다. 최소한 수석의 특징 정도는 알아야 한다.

첫째, 그 재질이 돌이어야 하고 돌은 발생 원인에 의해 화성암, 퇴적암, 변성암으로 나눌 수 있다. 화강암은 건축물에 이용 가치가 있기는 하나 수석감으로는 적당치 않다. 수석에 적당한 돌은 쇄설물이

쓸려서 쌓인 퇴적암(수성암)과 퇴적암의 화학적 변화로 이루어진 변성암에서 많이 채집된다. 둘째로 석질과 수마 상태이다. 석질은 돌의 단단한 정도를 말하고 수마 상태는 잘 달아진 형태를 말한다. 아무리 모양이 좋아도 단단하지 못하여 푸석거림이나 쇠꼬챙이로 긁었을 때 상처가 나면 안 된다. 단단한 정도를 측정하는 것을 모오스 경도 측정이라 하는데 다이아몬드를 10으로 놓고 볼 때 수석은 4 이상이어야 한다. 셋째로 수석은 모양과 색깔을 갖추어야 한다. 모양은 삼라만상을 닮은 돌 자체를 물형석이라 하고 또한 돌에 새겨진 문양 즉 그림의 모양에 따라 문양석으로 분류한다. 그러므로 석질과 수마 상태, 그리고 모양과 색상만은 꼭 기억하여 채석하고 보존하며 감상해야 함을 꼭 기억했으면 한다. 애석가들은 수석을 우주와 같다고 표현하기도 하는데 작은 돌 하나에도 신비한 우주 생성의 기운과 모양을 감상할 수 있다고 보기 때문이다. 필자는 거기까지는 미치지 못하지만 소장한 수석 중에 기도하는 손처럼 생긴 것을 보면서 기도가 얼마나 중요한가를 묵상할 수 있어 가장 귀하게 여긴다. 그 외에도 추상석이라 하여 어떤 형태나 문양이 뚜렷하지는 않으나 아름답고 정감이 가는 수석이 있음도 알아 둘 필요가 있겠다.

이처럼 취미생활은 인생살이의 고단함이나 무료함을 달래주는 인체에 꼭 필요한 영양소 같다고 생각한다. 피곤하고 나른한 일상을 탈피하기에 안성맞춤이다. 각자의 형편과 처지에 맞는 취미생활은 아로새긴 은쟁반에 금사과와 같다고나 할까?

하모니카

·····················

필자가 하모니카를 손에 쥔 것은 중학교를 중퇴하고 종조부의 병원에 일하던 시절로 거슬러 올라간다. 14살의 어린 나이에 부모를 떠나 객지 생활이 시작되면서 누군가 불던 중고 하모니카를 소유할 수 있었다. 병원 일을 마치고 밤이면 병원 숙직실에서 홀로 지내며 어머니가 보고 싶고 누나들이 생각날 때면 입에 대고 불기 시작했다. 얼마 후, 찬송가나 유행가를 불 수 있게(연주) 되었다. 다시 중학생이 되고 고등학교 시절까지 하모니카를 불었었다. 누구의 가르침도 받지 못했고 그야말로 자습(스스로 습득)이었다. 시간이 지날수록 실력이 늘어 교회의 음악회와 학교 소풍 때 연주했었다. 단 한 번도 실력평가를 받은 적이 없었기 때문에 어느 정도 실력인지는 알 수 없다.

하모니카는 보통 3종류로 분류한다. 첫째로 트레몰로 하모니카다. 상하 2개의 hall(구멍)로 동시에 떨리는 소리가 난다. 문제는 소리가 좋은 대신 피아노의 반음(검은 건반)을 연주할 수 없다는 결점이 있다. 둘째는 크로메틱 하모니카이다. 상하 hall이 없고 12 hall로 만들어져 옆에 붙은 저음 버튼을 이용하여 반음을 내릴 수 있기 때문에 무슨 곡이든 연주할 수 있는 장점이 있다. 셋째로 다이아 토닉 하모니카이다. 홀이 10개 밖에 없는 작은 하모니카로 '파, 라'음을 낼 수 없다. 그러나 고난도 벤딩(bending) 주법을 습득하면 여타의 하모니카보다 음색이나 연주에 만족할 만하다. 단 어려운 연주 법이다.

필자의 경험으로는 하모니카가 타 종류의 악기보다 배우기 쉽고 폐활량에도 좋을 뿐만 아니라, 구매비용이 저렴하다는 장점이 있다. 울적할 때, 누군가를 그리워할 때 어느 악기보다 즉흥적으로 연주할 수 있고 감정 표현이 쉬운 장점이 있다. 다만 지도자 없이 스스로 습득하면 합주할 때 어려움이 있을 수 있다.

성년이 된 후 몇십 년 동안 하모니카를 대할 기회가 없었지만, 은퇴 후 여가로 집에서 불기 시작한 것이 취미가 되었다. 이제는 목소리조차 잘 나오지 않아 노래하기 어렵고 약간 감정도 무뎌져 여가에 불면 여러 가지 감정이 되살아나며 기분전환이 되기 때문에 참 좋은 취미라 생각한다.

누구든지 혼자 쉽게 배울 수 있는 악기로 추천할 만한 악기며 취미생활에 적합하다. 사람에게 음악적 감성은 누구에게나 있다. 노래가 안 되면 악기로 연주하면 되기 때문에 취미생활로 하모니카를 적극적으로 권장한다.

PART 4

네 번째 복:

사랑(love)

사랑이란 무엇인가?

Agape Love(하나님 사랑)

Store Love Ⅰ(가족 사랑)

Store Love Ⅱ(부모 사랑)

Store Love Ⅲ(자녀 사랑)

Eros Love (부부 사랑)

Philia Love(친구 사랑) 외 기타 사랑

디트로이트에 있는 헨리 포드 기념관에 헨리는 꿈을 꾸는 사람이었고 그의 아내는 기도하는 사람이었다는 글이 있다고 한다. 꿈이 있고 그 꿈을 이루어 달라고 기도하는 아내가 있는 집보다 더 축복받고 아름다운 가정은 없다. 헨리 포드는 먼 훗날 고향에 조그마한 집을 지었다. 대 부호가 살기에는 매우 작고 평범한 집이었다. 사람들이 불편하지 않으냐고 묻자 "가정은 건축물이 아닙니다. 비록 작고 초라해도 사랑이 넘친다면 그곳이 바로 가장 위대한 집이 됩니다."라고 말했다.

사랑이란 무엇인가?

사랑에 대한 민중 백과사전 설명에는 1) 아끼고 위하는 따뜻한 인정을 베푸는 일 또는 그 마음 2) 마음에 드는 이성을 몹시 따르고 그리워하는 일 또는 그러한 마음 연애(戀愛) 3) 일정한 사물에 대하여 몹시 즐기거나 좋아하는 마음 4) 하나님이 사람을 불쌍히 여겨 행복을 베푸는 일. 애(愛)라고 설명하고 있고, 두산 백과사전에서는 인간의 근원적인 감정으로 인류에게 보편적이며 인격적인 교제 또는 인격 이외의 가치와의 교제를 가능하게 하는 힘이라 정의하고 있다.

국어 국문학 자료 사전에서는 사랑을 설명하기 위해 문학작품을 통해 설명하고 있다. 예를 들면 구비문학 즉 개인 창작이 아닌 공동 작으로 말로 전승되는 사랑, 한문학, 국문 고전문학, 현대문학, 소설에 묘사된 사랑, 습속, 출산속(出産俗), 호국귀(護國鬼), 근인애(近人愛)의 변형인 원귀(冤鬼), 인간적인 사랑을 승화시키기 위한 고행, 등 여러 장르의 문학을 통해 구전, 야담, 소설, 시를 통해 사랑을 표현하고 있다.

그리고 철학적으로는 사랑을 4가지로 분류하고 있다. 첫째는 아가페(Agape) 사랑으로 하나님의 거룩한 사랑이다. 둘째는 스토르게(Storge) 사랑으로 부모가 자녀에게 혹은 자녀가 부모에게 느끼는 가족의 사랑을 의미하며 셋째는 필리아(Philia) 사랑으로 친구라는 뜻의 그리스어 필로스(philos)에서 유래한 친구 간의 우정을 말한다. 그러나 단순히 친구 우정뿐만 아니라 부부, 형제, 스승과 제자, 선배와 후배, 등 다양한 인간관계에 존재하는 우애, 형제애, 동료애, 등을 아우르는 사랑이기도 하다. 상대방을 자기 자신과 대등하게 여겨 아끼고 사랑하는 것으로 순간적 감정이 아니라 상당한 시간을 함께하고 지속적인 관계를 맺으므로 얻게 되는 친밀감을 바탕으로 형성된다고 하며 넷째는 에로스(Eros) 사랑으로 남녀 간의 육체적 사랑이라는 점이 공통적 견해다. 에로스는 인도철학의 바크티 즉 신들의 경지에 오르는 열광적 절대 귀의의 감정이나 불교의 자비, 유교의 인애(仁愛), 또는 기독교의 아가페나 필레오와 구별되는 그리스적인 사랑의 표현이라고 할 수 있다고 설명하고 있다. 다시 말하면 Agape(아가페), Storge(스토르게), Philia(필리아), Eros(에로스)로서 이들의 관계는 인간은 '에로스'에 의해 태어나고 '스토르게'에 의해 양육 받으며 '필리아'에 의해 다듬어지고 '아가페'에 의해서 완성된다고 정의되어 있다.

Agape Love

(하나님 사랑)

"하나님은 사랑이시다."라는 교리가 성경 전체의 중심사상이며 덕목이요 핵심적 가르침이다. 성경이 가르치는 사랑은, 사랑 본체가 되신 성부 하나님, 십자가에서 대속(代贖)의 신적 사랑을 보이신 성자 예수 그리스도, 그 완전하신 거룩한 사랑을 깨닫고 실천할 수 있는 능력을 베푸신 성령 하나님, 이 삼위일체 하나님이 아가페 사랑이시다. 삼위일체 하나님은 문학이나 신학적 설명으로는 완전 이해가 쉽지 않으나 기독교를 믿고 성령을 받으면 믿어지게 되는 신앙적 체험이 요구됨을 전제로 설명하고자 한다.

첫째로 성부(聖父) 하나님의 성호(이름)를 종합하면 사랑이라는 공통분모를 찾을 수 있다. 하나님의 성호는 야훼(여호와)시며 성경에 9,507회가 기록되어 있다.

1) 야훼(Yahweh), Jehovah(여호와로 번역됨): '스스로 계신 분(I am

who I am)'즉 '나는 나다.'라는 뜻으로 하나님께서 직접 소개한 이름일 뿐이다. 2) 엘로힘(Elohim): 하나님은 창조주시다. 3) 여호와 이레(Jehovah Jireh): 하나님은 미리 준비하시는 분이시다. 4) 여호와 닛시(Jehovah Nissi): 하나님은 승리하게 하시는 분이시다. 5) 여호와 샬롬(Jehovah Shalom): 하나님은 평안을 주시는 분이시다. 6) 여호와 삼마(Jehovah Samma): 하나님은 어디든지 계신 분이시다. 7) 여호와 라파(Jehovah Rapha): 하나님은 치료자시다. 8) 여호와 로이(Jehovah Roi): 하나님은 목자시다. 9) 여호와 츄리(Jehovah Tsuri): 하나님은 우리의 반석이다. 10) 여호와 멜렉(Jehovah Melek): 하나님은 우리의 왕이시다. 11) 여호와 카데쉬(Jehovah Kadesh): 하나님은 거룩하신 분이시다. 12) 여호와 체바오트(Jehovah Sebaoth): 하나님은 능력이시다. 13) 아가페(Agape): 하나님은 사랑이시다. 14) 로고스(Logos): 하나님은 말씀이시다. 15) 프뉴마(Pneuma): 하나님은 거룩한 영이시다, 16) 아도나이(Adonai): 하나님은 내 삶의 주인이시다. 17) 임마누엘(Immanuel): 하나님은 나와 함께 하는 분이시다. 18) 엘로이(El Roi): 하나님은 살피는 분이시다. 19) 엘 칸나(El Kanna): 하나님은 모든 것을 다해 사랑하는 분이시다. 20) 엘 샤다이(El Shaddai): 하나님은 전능하신 분이시다. 21) 엘 엘리온(El Elyon): 하나님은 가장 높으신 분이시다, 22) 챈(Chen): 하나님은 은혜 주시는 분이시다, 23) 나함(Naham): 하나님은 위로하는 분이시다, 24) 포스(Phos): 하나님은 빛이시다, 25) 하사(Hasah): 하나님은 침묵하는 분이시다, 26) 알룹(Al lup): 하나님은 부드러운 분이시다, 27) 암모스(Ammos): 하나님은 용서하는 분이시다. 28) 치드케뉴(Tsidkenu): 하나님은 의로운 분이시다, 29) 자오 히도르(Zao Hydor): 하나님은 영원히 목마르지 않은 생명이시다.

위에 기록한 하나님 이름 중, 하나님이 직접 소개하신 호칭은 야휘(여호와) 즉 'I am who I am(스스로 계신 분)'으로만 표현하셨고, 그 외의 성호는 선지자들이 하나님을 만난 상황을 그대로를 표현했을 뿐이다. 조금 더 이해를 돕기 위해 필자 이름으로 설명하자면, 본명은 박춘환이지만, 우리 할아버지에게는 손자로, 아버지 입장에는 아들로 표현되고, 목사로 만난 자는 박 목사로, 사장으로 만난 자는 박 사장으로, 형사 시절 만난 자는 박 형사로, 회장으로 만난 자는 박 회장으로 호칭 되는 것으로 이해해 볼 수 있다. 하나님을 만난 분들에게 어떤 하나님으로 보여졌고 알게 되었는가에 따라 호칭이 달라졌다고 이해하면 될 것이다. 그러므로 인간이 하나님 이름을 만홀(漫忽)이 여기거나 망령되게 부르지 못하도록 엄히 말씀하고 있다.(출 20:7) 하나님은 인간의 지혜로 완전히 밝혀지거나 보여지거나 소유되는 분이 아니라, 믿음으로만 만날 수 있고, 볼 수 있으며, 들을 수 있고, 말할 수 있는 분이 심을 믿어야 한다.

둘째로, 성자(聖子) 하나님 예수 그리스도는 우리 인간의 몸을 입고 이 땅에 오셔서 십자가(十字架)의 죽음과 부활을 통해서 아가페 사랑을 완성(完成)하신다. "하나님이 세상을 이처럼 사랑하사 독생자(예수 그리스도)를 주셨으니 누구든지 저를 믿는 자마다 멸망치 않고 영생을 얻게 하려 하심이라"(요3:16) 이 말씀은 기독교 구원론의 중심 구절로 성부 하나님의 인간 사랑에 대한 영원불변의 진리이다. 사랑의 본체이신 성부 하나님이 죄로 인해 멸망 당해야 할 인간을 사랑하여 성자이신 예수 그리스도를 통해 대속적(代贖的) 사랑을 나타내 보이신 것이다. 그러므로 십자가와 부활의 사랑을 이해하기 위하여 "피 흘림이 없이는 죄 사함이 없다."라는 말씀의 근거인, 구약시대의 성막과 5대 제사를 이해할 필요가 있다. 본 장에서는 5대 제사만 기록한다.

(1) 번제(燔祭, burnt offering)이다. 예수 그리스도의 온전한 희생을 예표 하는 제사로 수송아지, 수양, 숫염소, 비둘기(가난한 자에 한함)를 제물 삼아 번제 단에서 태워진 향기를 올려 드림으로 지은 죄의 용서와 하나님과의 관계 회복, 헌신과 봉사를 다짐하는 제사 예식이다.

(2) 소제(素祭, grain offering)이다. 죄와 흠이 없으신 예수 그리스도께 온전한 충성을 상징하는 예표이다. 피 없는 유일한 제사로 반드시 번제나 속죄제, 속건제 등과 같이 피 있는 제사와 함께 드리는 제사 방식이다. 소제는 고운 가루에 기름과 유향을 섞어, 화덕이나 철판을 이용하여 무교병(누룩 없는 빵)과 무교 전병(누룩 없는 전구지)을 굽거나 첫 이삭을 볶아 찧는 방법으로 하나님 은혜에 감사하고 충성의 삶을 다짐하며 자기 소유 전체가 하나님의 것임을 인식하는 제사 의식이다.

(3) 화목제(和睦祭, peace offering)이다. 하나님과 화평과 친교를 위해 화목제물이 되신 예수 그리스도를 예시하는 제사 의식으로 국가경축일이나 제사장의 취임, 나실 인의 서원식 같은 행사 때 드려졌다. 예수 그리스도의 죽음을 하나님이 받아들임으로써 진노를 푸는 것을 의미한다. 그러나 짐승의 피는 일시적이고 효력도 제한적이어서 근본적 해결책이 되지 못했다. 이런 구약시대의 제사는 장차 올 예수 그리스도의 그림자에 불과한 것이다.

(4) 속죄제(贖罪祭, sin offering)이다. 예수 그리스도의 속죄 사역을 상징하는 십자가 사건의 모형이다. 죄로 인해 하나님과 단절된 관계를 회복하고자 드려지는 제사 의식으로 부지중에 하나님의 금령을 어겼을 때와 법정의 증언 기피나 부정한 물체 접촉, 맹세에 대한 약속 불이행 등 사람에 대한 잘못을 깨달았을 때 드리는 제사이다.

(5) 속건제(贖愆祭, Guilt offering)이다. 예수 그리스도의 대속적(대신 속죄) 죽음을 상징하는 제사이다. 하나님께 드린 제물이나 성물과 금령을 범한 자나 이웃에 대해 죄를 범한 자의 회복을 위해 드려지는 제사 의식이다. 즉 속건제는 배상을 통해 관계 개선과 동시에 허물에 대한 속죄의 의미가 있다. 속죄제와 다른 것은 속죄제는 하나님의 계명을 어기거나 지키지 않았을 때 드리는 제사이고 속건제는 가벼운 허물이나 하나님과 사람의 재산이나 권리를 침해했을 때 드리는 제사이다.

인생은 모두가 죄인이다. 인류의 시조 아담과 하와가 하나님의 법을 어긴 죗값으로 에덴동산에서 쫓겨나게 된다. 그의 후손들은 조상들의 원죄(原罪)와 본인 스스로 지은 자범죄(自犯罪)로 인해 죄인의 DNA를 소유하게 되었는데 그 죗값은 사망이다. 그러나 사랑이신 하나님의 은혜로 죄 사함을 받을 방법을 제시받았다. 그것도 가장 쉬운 방법으로 기회를 주신다. 예수 그리스도의 십자가의 죽음과 부활을 믿는 것이다. 우리의 원죄(原罪)와 자범죄(自犯罪)를 용서받고 구원받는 유일한 길이기 때문이다. 성경에는 예수 그리스도라는 이름이 1,418회가 기록되어 있다.

셋째로, 성령(聖靈) 하나님은 사랑의 능력(힘)을 통해 인간들이 하나님의 아가페적 사랑을 믿고, 깨달아, 죄 사함을 받게 하신다.

성령(Holy Spirit))은 성부(하나님, God)와 성자(예수 그리스도, Jesus Christ)와 함께 삼위일체(三位一體)를 이루시는 하나님의 한 위(位)이시다.

성경에서 성령은 하나님의 영, 아버지의 영, 예수의 영, 그리스도의 영, 성결의 영으로 불리며 197회, 예수 그리스도는 1,418회, 여호와 하나님은 9,507회 등 삼위일체의 하나님의 성호(이름)가 11,122회 기록되어 있다.

삼위(三位)는 성부 성자 성령으로 각각 구별된 세 분 하나님으로 존재하심을 보여주며, 일체(一體)는 세분이심에도 동시에 한 분 하나님을 보여준다. 다시 말하면 한 하나님이 세 위격(位格, persona)으로 존재하시는데 이 위격들은 분리될 수 없는 ①하나의 신적 본성(本性, natura)이고 ②하나의 신적 본질(本質, essentia)이며 ③하나의 신적 실체(實體, substantia)로서 성부 성자 성령은 모두가 같은 힘과 영광을 지닌다는 기독교의 핵심 교의(教義)이다.

이해를 돕기 위해 예를 든다면 해(太陽)에는 3가지 요소가 있다. 태양이라는 본체 속에 빛과 열이 포함되어 있다. 태양 전체를 하나님이라고 가정한다면 빛의 역할은 예수 그리스도요, 열의 역할은 성령이라고 설명할 수 있다. 태양이 빛과 열이 없다면 태양의 역할을 다할 수 없다. 다만 간과하지 말 것은 태양도 하나님의 피조물임을 명심해야 한다. 혹 태양을 신으로 섬기는 이방인처럼 태양을 섬김의 대상이거나 신적 영역으로 여기는 어리석음을 범하지 말아야 한다.

요약하면 성부(聖父) 하나님은 죄악으로 멸망하는 인간 구원의 사랑을 계획하시고 성자(聖子) 예수 그리스도는 십자가의 죽음(제물)과 부활로 대속적(代贖的) 사랑을 완성하시고 성령(聖靈) 하나님은 인간을 감동 감화시켜 하나님의 사랑을 깨닫고, 믿어, 구원받을 수 있게 역사(役事)해 주시는 하나님으로 온전한 아가페 사랑을 나타내신다.

전술한 바와 같이 삼위일체 신관을 이해하기란 난해한 신학적 용어이다. 유한한 인간이 무한하신 하나님을 완전하게 이해하기란 불가능하다. 다만 예수 그리스도를 믿어 성령을 받으면 믿어지는 신학적 언어지만, 믿지 않으면 이해하기 난해한 용어임을 인지할 필요가 있다.

인간은 유한하고 불완전한 생명을 소유한 존재이다. 그 어떤 성인군자라도 단 1분 1초 후의 일을 알지 못한 채 살아간다. 심지어 하나님이 없다는 무신론자조차도 목숨이 위급하면 신을 부르고 찾게 된다. "하나님을 사랑하는 자 곧 그 뜻대로 부르심을 입은 자들에게는 모든 것이 합력하여 선을 이루게 하시느니라."이와 같은 인간의 생사화복(生死禍福)을 주관하시는 하나님의 사랑을 아가페(Agape) 사랑이라 한다.

Storge Love I

(가족 사랑)

가족이란 함께 살아가며 생활하는 사회의 가장 기본적이며 작은 혈연공동체를 말한다. 가족은 부부를 중심으로 그 부모나 자녀를 포함한 함께하는 식구와 그들이 살아가는 물리적 공간인 집을 포함한 생활공동체를 이르는 말이다.

어느 수필가가 말한 가족이란 영어 단어 family의 어원 풀이로 'Father And Mother, I Love You.(아버지 어머니, 나는 당신들을 사랑합니다.)'의 첫 글자들을 조합하여 Family(가족)란 어원이 되었다는 그럴듯한 글이 있다.

그래서 가족(가정)은 최고의 안식처로서 사랑과 이해로 서로를 감싸주는 관계이며 아무런 대가나 요구가 없어야 한다. 다만 희생과 베풂만 있고 그에 따른 보상 요구나 생색내지 않아야 한다. 다시 말하면 가족사랑은 단순한 사랑이 아니라 희생과 희망을 함께 나눌 수 있는 그런 사랑이다.

마치 보이는 꽃과 열매의 아름다움과 유익은 추구하면서 보이지 않은 곳에서 수고롭게 희생한 뿌리를 망각하는 우를 범하지 말아야 할 관계가 가족이다. 세파를 막는 아버지라는 울타리에 자식을 낳아 기르는 어머니의 고결한 손결이 자식이라는 하늘의 선물을 바라보기만 해도 배부르고 만지지 않아도 부드러운 살결같이 행복을 느끼는 관계를 가족이라 부른다. 남편은 아내를 깨지기 쉬운 유리잔처럼 보호하고 아내는 남편을 하늘같이 여기며 사랑하고 자식은 부모를 공경하며 형제자매간에 흉허물이 없고 정이 흐르며 함께 웃고 같이 우는 그런 관계가 진정 가족이라는 사랑의 공동체이다.

그런데 우리는 마치 물고기가 물속에 살면서도 물의 고마움을 모르듯 함께 살아가는 가족의 소중함을 모르는 경우가 허다하다. 또 다른 표현으로 말하자면 우리가 단 1분만 숨을 쉬지 않으면 생명을 잃을 수밖에 없는 공기에 감사하며 살지 못하는 것과 같다. 심지어 우리를 낳아 기르시고 가르치신 부모님께도 으레 당연한 것으로 여기며 지내고 있다. 또한 부모로서 자녀들에게 받는 효도와 사랑으로 얼마나 큰 행복을 느끼면서도 "고맙다, 잘했다, 애썼다"라는 기초적 사랑 표현도 못 하고 있다. 우리는 가족 간에 주고받는 사랑과 행복에 대해 아무런 감사의 감정이나 표현도 없이 간과하는 때가 많은 것이 사실이다.

돈으로 좋은 집은 살 수 있어도 좋은 가정(가족)은 살 수가 없다고 한다. 성경에서도 마른 떡 한 조각만 있고도 화목 하는 것이 제육이 집에 가득하고도 다투는 것보다 나으니라고 기록되어 있다. 가족은 유산 다툼이나 우월을 다투는 집단이 아니다. 다만 식구라는 개념으로 먹든지 굶든지 간에 모든 희비애락을 함께 하는 사랑의 공동체여야 한다. 여기는 뽐내거나 기죽이는 곳이 아니라 서로가 좋은 것과 나쁜 것을 함께 소유하고 나누면서 보완해 가는 관계이다. 그래서 가정(가족)을 사회의 기초공동체라 한다. 현대를 핵가족시대라고 한다. 핵가족이란 물리학의 핵분열의 최소단위를 의미하는 용어일 것이다. 씨족사회를 거처 농업을 기초한 대가족시대에서 최소단위의 직계 가족으로 구성된 가정을 말한다. 아무리 강조해도 물리지 않은 단어가 가족과 식구라는 명사일 것이다.

　　가족과 가정의 중요성을 되새기며 작사 작곡했다는 미국의 존 하워드 페인의 즐거운 나의 집(Home Sweet Home)을 소개한다.

　　1.
　　즐거운 곳에서는 날 오라 하여도 내 쉴 곳은 작은 내 집뿐이리
　　내 나라 내 기쁨 길이 쉴 곳도 꽃피고 새우는 내 집뿐 이리
　　오 사랑 나의 집 즐거운 나의 벗 내 집뿐이리

2.

고요한 밤 달빛도 창 앞에 흐르면 내 푸른 꿈길도 내 잊지 못하리

저 맑은 바람아 가을이 어디뇨 벌레 우는 곳에 아기별 눈 뜨네

오 사랑 나의 집 즐거운 나의 벗 내 집뿐이리

3.

그 집을 떠나 멀리 방황하여도 또다시 가고파 내 정든 고향 집

새소리 들리고 시냇물 흐르는 내 맘의 안식처로 또다시 가고파

오 사랑 나의 집 즐거운 나의 벗 내 집뿐이리

하워드 페인은 평생 결혼하지 못했다. 그는 가정이 없는 외롭고 처절함을 맛보았기에 가정의 소중함을 뼈저리게 느꼈다. 그가 이 노래를 지은 것은 프랑스 파리에서 돈 한 푼 없는 비참한 떠돌이 생활할 때였다. 그래서 가정에서의 행복한 삶을 꿈꾸며 이 가사를 썼다. 이 노래가 가정의 소중함을 일깨워주었기에 그 어떤 유명한 작사 작곡가보다 한 층 더 존경받았다. 그는 1852년 4월 10일 알제리에서 사망 후 31년 만에 본국으로 운구되었다. 유해가 뉴욕에 도착하던 날 뉴욕시가 생긴 이래 최다인파가 몰려들었다. 대통령을 비롯하여 국무위원 권력자 재벌 과학자 등 수많은 인사들이 조의를 표했다. 그것은 바로 이 한 곡의 노래가 가정(가족)의 중요함을 다시 한번 깨닫게 해주었기 때문이라고 한다.

가정을 중시한 또한 사람은 우리가 너무도 잘 아는 미국의 자동차왕 헨리 포드이다. 자동차왕으로 성공한 헨리 포드에게 기자가 인터뷰를 요청했다. 기자는 "당신이 다시 태어나면 무엇이 되고 싶으냐?"라고 물었다. 그러자 그는 서슴없이 "내 아내의 남편이 되고 싶습니다. 아내와 함께 있을 수만 있다면 무엇으로 태어나도 상관없습니다."라고 말했다. 헨리 포드가 퇴근 후 집 뒤뜰에 있는 낡은 창고에서 연구로 밤을 새울 때 모두 미친 짓이라고 했다. 그러나 그의 아내는 '당신의 꿈이 반드시 이루어질 것이라고 격려하며 겨울밤에는 추위와 떨면서도 남편을 위해 등불을 비춰 주며 기도로 용기와 믿음을 주었다. 드디어 헨리 포드는 자동차왕이 되었다. 디트로이트에 있는 헨리 포드 기념관에 "헨리는 꿈을 꾸는 사람이었고 그의 아내는 기도하는 사람이었다."라는 글이 있다고 한다. 꿈이 있고 그 꿈을 이루어 달라고 기도하는 아내가 있는 집보다 더 축복받고 아름다운 가정은 없다. 헨리 포드는 먼 훗날 고향에 조그마한 집을 지었다. 대 부호가 살기에는 매우 작고 평범한 집이었다. 사람들이 불편하지 않으냐고 묻자 "가정은 건축물이 아닙니다. 비록 작고 초라해도 사랑이 넘친다면 그곳이 바로 가장 위대한 집이 됩니다."라고 말했다.

그 외에도 가족과 가정의 위대함을 말한 많은 글들을 볼 수 있다. H. G. Wells는 "가정이야말로 고달픈 인생의 안식처요, 모든 싸움이 자취를 감추고 사랑이 싹트는 곳이요, 큰 사람이 작아지고 작은 사람이 커지는 곳이다.”라고 했고, R. Browning은 “행복한 가정은 미리 누리는 천국이다.”라고 했다.

톨스토이는 “행복한 가족들은 서로 닮은 데가 많다. 그러나 모든 불행한 가족은 자신들의 독특한 방법으로 불행하다.”라고 했다.

아무리 강조해도 모자란 가족(가정) 사랑을 실천하며 사는 것, 이것이 인간이 누릴 수 있는 그 어떤 행복보다 귀함을 명심해야 한다. 이것을 Storge Love(가족사랑)라고 한다.

Storge Love Ⅱ

(부모 사랑)

    부모의 사랑을 내리사랑이라 한다. 자식이 아무리 부모를 사랑한다 해도 부모가 자식을 사랑하는 것만 못하다는 뜻이다. 즉 자식이 부모를 사랑하는 치(오르는)사랑이 부모가 자식을 사랑하는 내리사랑보다 힘들다는 말이다. 부모의 내리사랑을 깨달아 알만하면 부모는 벌써 우리 곁을 떠나신다. 후회하고 슬퍼해도 소용없고 돌이킬 수 없는 애달픔일 뿐이다.

    필자의 조부는 장로님이셨다. 우리나라 기독교 초기 미국 선교사님께 전도를 받아 세례를 받으셨고 그 후 선교사님들이 세운 성경학교를 졸업한 후 선교사들을 도와 교회를 개척하는 조사(助師)라는 직함으로 지금으로 말하면 전도사로 한평생 교회를 개척하며 목회자로 생활하셨다. 조부님은 한약에 조예가 깊으셔서 가난하고 병든 분들을 돌보시며 생활하셨다. 당신의 생활도 어려워 양식을 절약하기 위해 밥보다 죽을 많이 잡수시면서 사셨다. 죽을 드시면서도 무엇이 그렇게 감사한지 식사 기도할 때마다 감격하여 자손들과 심지어 사돈네 8촌까지 거명하시며 간절히 기도하시던 모습을 잊을 수가 없다. 늘 만면에 인자한 웃음을 지으시며 "내 주를 가까이하게 함은 십자가 짐 같은 고생이나 내 일생 소원은 늘 찬송하면서 주께 더 나가기를 원합니다." 찬송하시던 모습이 눈에 선하다. 때때로 산에서 며칠씩 금식기도를 하시다가 힘이 빠져 솔잎을 씹으시며 귀가하시던 모습도 생생히 기억된다. 조부님은 장손인 필자를 극진히 사랑하셨으며 맛있는 음식은 물론 필요하다 싶으면 꼭 챙겨주셨다. 품에 안고 축복 기도를 해주셨고 찬송을 가르쳐 주시기도 하셨다. 조부모님의 기도는 필자를 주의 종(목사)이 되도록 평생 기도하셨다. 93세를 일기로 하나님의 부름을 받으실 때까지 온 일생 하나님밖에 모르며 사셨던 어른이셨다. 조모(祖母)님 역시 필자를 늘 업어 키우셨고 손자 손녀들을 극진히 사랑해 주시다가 95세를 일기로 할아버지 계시는 곳으로 소천 하셨다. 필자는 조부모님이 돌아가시기 전, 살아계실 때 주의 종이 되지 못한 큰 불효를 저지르고 말았다.

또한 필자의 외조부께서도 장로님으로 교회와 지역사회에서 존경받던 어른이셨다. 조용한 성품에 서당 훈장을 지내셨다. 누워계실 때 발바닥을 공책(노트) 삼아 글씨 연습하시던 모습이 생생하다. 외조부님은 미국 유학 중이던 큰아들을 그리워하시며 필자가 초등학교 2학년 때 별세하셨다. 당시 6.25전쟁 중 장례를 거행하던 외가에 공군 전투기 기총사격을 받아 조문객들이 혼비백산하던 기억도 난다. 다행히 인명피해는 없었으나 외가 울타리에 심어진 커다란 살구나무가 꺾이는 위험천만한 일을 당하기도 했다.

그 후 미국 유학에서 귀국한 외숙께서 순천 매산 중고등학교장, 호남신학대학장, 숭실대학교 이사장, 대한 예수교장로회 제49대 총회장을 역임하셨다. 필자의 학창 시절에 지대한 영향력을 끼치신 분으로 지역사회와 한국교회의 큰 인물이셨다.

부친은 3남 2녀의 장남이셨다. 어린 소년 때부터 신동이란 말을 들었을 만큼 지능과 예능적 감각이 뛰어나셨다. 외모도 출중하셨고 어디에서 무엇을 하든지 남다르셨다고 한다. 그런데도 인내력 부족인지 두뇌가 너무 명석해서인지, 직업 변동이 심하셨고 이사가 잦았다. 그러니 교회 직분도 집사로 만족해야 했다. 부친은 일본, 평양, 만주 등 여러 곳에서 활동하며 초등학교 교사, 부면장, 목포와 제주항만 공사 현장사무소장, 육군 정훈국 호남지부장을 거쳐, 군납사업 실패 후, 시골 장터에서 곡물상을 경영하시다가 소천하셨다. 숙부(작은아버지)와 숙모(작은어머니)님, 그리고 고모님 2분과 고모부는 장로와 권사로 봉사하셨다. 막냇삼촌은 6.25전쟁 때 학도병으로 입대하여 1950년 10월 20일 전사하여 동작동 국립묘지에 잠들어 계신다.

필자는 아버지를 미워하는 불효를 저질렀다. 부친의 사업이 실패하기 전까지는 멋지고 자랑스러웠다. 당시에 학교라도 다녔던 하이칼라들이 즐기던 soft tennis(연식정구) 선수로 뽐내던 시절도 있었기에 어디를 가든 인기가 있었다. 부친을 따라가 만나는 분들마다 칭찬과 용돈을 받을 수 있어 자랑스럽고 좋았다. 그러나 사업 실패 후에는 가난하게 된 모든 책임이 부친 때문이라는 어리석음과 어린 마음에 아버지를 미워하는 큰 죄를 지었다. 또 다른 이유는, 필자가 초등학교 6학년 여름방학이 시작되던 날, 반 짝꿍이 망(감시)을 보게 하고 학교 근처 서점에서 모범전과 2권을 훔쳐 한 권씩 나눠 가졌다. 제 엄마에게는 학교에서 일괄 구매한 것이라 속여 책값을 받아 냈고 우리는 빵, 과자, 사탕을 사 먹으며 시내를 배회하다 오후 늦게 어느 신발가게에서 운동화 2켤레를 또 훔쳐 한 켤레씩 나누어 갖고 헤어졌다. 귀가 후 아버지의 추궁이 시작되었다. 친구 엄마가 심부름 대가로 사줬다고 거짓말로 둘러댔으나 속히 실 아버지가 아니었다. 결국 사실대로 실토했고 모범전과와 운동화를 들고 아버지를 따라 신발가게와 서점에 반환하고 귀가했다. 그때 아버지의 뒤를 따라 귀가하던 때가 내 평생 가장 멀고 무서웠던 때로 기억하고 있다. 귀가 후 회초리 3개가 부러지며 종아리에 피가 나도록 매를 맞고서야 그날의 악몽에서 벗어날 수 있었다. 그날 밤 내 종아리에 약을 바르시며 우시던 엄마 모습을 보았으나 자는 척하며 넘겼던 때가 내 평생에 가장 가슴 아팠던 울 엄마에 대한 기억이다. 그날 후로는 친구 사귀는 일에나 남의 물건 훔치는 것만은 일평생 되풀이되지 않았다. 어쨌거나 아버지는 늘 무섭고 쉽게 다가서지 못할 분으로 여기게 된 것이 두 번째 이유이기도 했다. 결정적 이유는 이 세상에서 가장 좋은 울 엄마에게 큰소리로 화를 내던 언어폭력을 목격한 후부터이다.

그러나 우리 어머니는 달랐다. 필자는 어머니만 생각하면 눈시울이 뜨거워진다. 우리 어머니는 순하디순한 양 같은 분이셨다. 장로님의 2남 3녀 중 장녀로 태어나 18세에 시집을 오셨다. 당시 아버지는 초등학교 교편을 잡든 때라 넉넉한 생활이 아니었다. 더구나 시부모님과 고모 2명 삼촌 2명까지 대가족을 건사하셨으니 그 고생이 오죽하셨을까 싶다. 그리고 누나 4명과 누이와 남동생 2명 등 8남매를 낳아 기르셨다. 이렇게 대가족의 며느리로, 아내로, 형수로, 시누로, 그리고 우리들의 어머니로 50해를 사시다가 그 한 많은 세월을 뒤로하고 하늘나라로 떠나셨다. 누가 뭐래도 우리 어머니는 이 세상에서 최고의 엄마요 자식 사랑의 모범을 보여주신 분이시다. 그렇다고 얼굴이 예쁘다거나 몸매가 날씬한 현대 여성 스타일의 미인이란 의미는 아니다. 누가 봐도 영락없는 촌(시골) 아줌마지만 필자의 관점에서 그렇다는 말이다.

울 엄마는 경제적으로 어려웠던 춘궁기보릿고개 시절에 식구들의 밥을 챙겨 먹이느라 애쓰시던 모습을 지금도 잊을 수가 없다. 아침밥만은 꼭 밥을 먹도록 챙겨주셨다. 까만(검정) 무쇠솥에 보리, 시래기, 고구마, 감자와 미국 구호물자인 옥수수와 단단하게 굳어버린 분유 등, 밥양을 늘릴만한 식자재를 모두 넣고 밥을 지으셨다. 한 되 박도 안 되는 쌀을 씻기 전 뭐라 뭐라 당신만 아는 기도를 하신 후 큰 병에 식구 수대로 좀 둘이 쌀(성미)을 뜨셨다. 솥 한가운데다 쌀을 넣고 밥이 되면 할아버지 할머니 그리고 아버지와 필자까지만 쌀이 섞인 밥을 담고 나머지는 두루두루 섞은 밥을 먹고 지내셨다. 지금은 다이어트를 위해 흰쌀밥 먹기를 꺼리지만, 필자의 어린 시절은 북한이나 아프리카 빈민국과 엇비슷했기에 쌀밥 배부르게 먹는 것이 최고 수준의 생활이던 시절이었다. 필자가 철없던 어린 시절에 그렇게 목숨처럼 귀히 여기는 쌀을 교회에 다 바쳤다고 울며 떼를 썼던 가슴 아픈 부끄러운 기억이 남아 있다. 그래서인지 필자는 세상에서 가장 구수하고 맛있는 냄새는 방금 지은 흰쌀밥 냄새이다. 어쨌거나 어린 시절, 울 엄마는 그랬었다.

"풀피리 꺾어 불던 보릿고개의 슬픈 곡조는 어머니의 배고픈 한이 서린 한숨 소리"라는 가수 진성의 노랫말이 흘러나올 때면 고생하시던 울 어머니의 애잔한 모습이 떠올라 목메어 울기도 한다. 어머니가 그리워 울어 보기도 하고 불러보기도 하지만 대답이 없으시다. 모정의 그리움이 어찌 필자뿐이랴마는 하늘을 두루마리 삼고 바다를 먹물 삼아도 어머니의 그 사랑을 어찌 다 필설로 표현할 수 있겠는가?

8남매나 되는 우리 동기간을 진자리 마른자리 가려 기르시며 당신의 삶도 애달프고 배고프지만, 자식들에게만은 어떻게 무슨 방법으로든 배불리 먹이시려 남의 집 제삿밥까지 거두어 먹이시던 고생만 하시다가 하늘나라 가신 우리 어머니!

누구나 부르면 눈물 나는 이름 어머니! 언제 어디서나 생각하면 애달프고 가슴 시린 고마운 이름 어머니! 젊으나 늙으나 눈에 흙이 덮일 때까지 물리지 않은 그 이름 어머니! 손발이 다 트도록 고생하신 울 엄마가 오늘따라 더 보고 싶어진다.

어거스틴(Augstinus)은 "하나님이시여! 제가 당신의 아들이라면 그것은 저에게 지금의 어머니를 주셨기 때문입니다."라고 했고, 에이브러햄 링컨(A. Lincoln)은 "어머니의 기도가 나를 나 되게 하셨다, 내가 나 된 것, 내가 소망하였던 모든 것은 천사 같은 나의 어머니 영향을 받았기 때문이다."라고 했다.

임마누엘 칸트(E.Cant)도 "나의 어머니는 내 마음속에서 싹을 심어주고 가꾸어 주신 분이다."라고 했고, 페스탈로치(J.H. Pestalozzi)는 "내 어머니는 완전한 희생으로 불완전한 우리 세 남매를 키우셨다."라고 했다.

괴테(J. W. Goethe) 역시 "나는 어머니로부터 창조하고 파악하고 상상하고 표현하는 법을 배웠다."라고 했고, 작가이자 영화배우였던 마야 안젤라(안젤로)는 "나의 어머니에 대하여 글로 표현하자면 허리케인이다. 그것은 더할 나위 없는 강력한 힘이다."라고 했다.

윈스턴 처칠은 "나의 가장 위대한 스승은 바로 나의 어머니시다. 어머니는 내 인생의 나침판이셨다."라고 했고, 필자가 존경하는 로널드 레이건 미국 대통령은 "나에게 가장 큰 영향을 끼친 인물은 바로 나의 어머니 '넬리 레이건'여사입니다. 어머니는 가장 훌륭한 나의 스승입니다. 오늘날 우리 사회를 지탱하는 힘은 바로 어머니의 사랑입니다."라고 했다.

인생이 세상에 남겨야 할 가장 중요한 것 중 하나가 가족에게 그리움을 남겨야 한다고 했다. 그립고 보고 싶은 마음은 생전에 부모 자식을 위해 최선을 다했을 때 자연스럽게 우러나오는 감정이다. 그 감정이 크면 클수록 "생전에 잘 사셨다."라는 반증이 될 것이다. 필자는 비록 어렵고 가난하게 태어난 흙수저 출신이지만 첫째는 하나님의 은혜요 둘째는 내외가(內外家) 조부모님의 손자 사랑과 셋째는 '한 아버지는 열 아들을 기를 수 있으나 열 아들은 한 아버지를 봉양키 어렵다'라고 한 인도 격언을 묵상하면서 자식의 올곧은 삶을 위해 매를 때리시던 부정(父情)과 지극정성으로 필자를 사랑해 주신 모정(母情)으로 인해 굴곡진 인생 열차 궤도에서 탈선하지 않을 수 있었다. 그렇기에 순간순간 어머니가 그립고 애달파지기도 한다. 이것을 Storge Love 즉 부모님의 내리사랑이라 한다. 고맙습니다. 감사합니다. 사랑합니다. 어머니!

Storge Love Ⅲ

(자녀 사랑)

하나님께서 3녀 1남의 자녀를 주셨다. 필자가 부모님의 사업 실패를 통해 고생하면서 아버지를 미워했던 것처럼, 필자 역시 똑같은 전철을 밟으며 눈에 넣어도 아프지 않을 사랑하는 자녀들이 엄청난 시련을 맞게 되었다. 괴물 같은 고난을 누가 원할까마는 그러나 고난격은 삶과 그렇지 않음은 인생 여정에 지극히 다른 결과물을 남기게 된다. 실로 고난이란 과정은 뒤돌아보고 생각하기도 싫지만, 그러나 그 결과로 오는 열매는 먹음직하고 보암직하며 탐스럽게 할 만큼 아름다운 인생으로 바꿔놓는 위대함이 있다. "인내는 쓰다, 그러나 그 열매는 달다."라는 루소의 말대로 고난이 닥칠 때 어떻게 인내할 것인가의 자세이다.

우리 부부는 부도로 고난당 할 때 기도밖에 다른 선택의 여지가 없었다. 아내는 세상 부귀영화를 누리려던 꿈을 내려놓고 눈물 흘리며 금식과 철야로 회개하며 낙타 무릎이 되기까지 기도하며 희생과 헌신의 삶이 시작되었다. 필자 역시 세상사 다 내려놓고 늦깎이 목사가 되기까지 1년에 100일을 금식하며 기도한 순종했던 결단을 통해 하나님의 복 주심이 우리 자손들에게 열매로 나타나고 있어 감사할 뿐이다.

큰딸은 살림 밑천이라는 옛말대로 어려서부터 남달리 씩씩하고 외향적 성품으로 내 외가의 많은 사랑을 받고 자랐다. 우리 큰딸은 한양대학교와 동 대학원 그리고 이화여대 경영대학원을 졸업한 이학박사로 대학교 교학처장 교수로 재직 중이다. 부모를 떠나 객지에서 극한의 경제적 어려움에도 동생들 셋을 보살피며 학업을 이수했으니 그 고생이 오죽했을까를 생각하면 늘 애잔한 마음뿐이다. 그래도 큰언니와 누나답게 잘 챙기고 보호하며 어려움을 딛고 일어선 장한 딸이다.

둘째 딸은 어려서부터 아비(필자)를 잘 따랐었다. 공휴일 등 휴무 때면 예쁜 옷 입혀 승용차에 태워 외출할 때면 만나는 사람마다 예쁘다는 칭찬에 으쓱하기도 했다. 피아노에 재능이 있어 보여 유치원부터 피아노를 교습시켰다. 고3 때 제 친구들은 비행기를 이용하여 서울 피아노학원에서 교습받을 때 아비의 회사 부도로 전공을 바꿔 성신여대 음대 성악과에 입학했다. 부모의 마음을 헤아려 전공을 바꿔 진학한 딸이 고맙고 애잔했다. 담당 교수님을 만나자 "실기시험

때 커튼 뒤에서 들리는 노랫소리가 천상의 목소리로 들렸다."라고 하며 "목사님의 딸임을 알고 자식을 위한 부모의 배후 기도가 얼마나 중요한가를 느꼈다."라고 칭찬해 주셨다. 지금은 남편을 도와 회사 전무이사로 근무하며 교회 봉사도 잘하고 있다. 사위는 경희대학교 건축학과와 동 대학원을 졸업 후 대형쇼핑몰과 백화점 아파트를 건축하는 토지개발 사장으로 현장을 동분서주하고 있다. 우리 내외에게 국내외 효도 관광은 물론 그랜저 승용차, 고급 안마의자, 두툼한 용돈으로 효도하는 귀한 사위이다. 늘 건강하여 하나님과 사람 앞에 유익하고 칭찬받는 사업가 되기를 위해 기도하고 있다.

우리 셋째 딸이 태어날 때만 해도 남아 우월사상이 팽배했던 시절이었다. 우리 부부는 부모님 닮아 딸 부자가 되지나 않을까 은근히 걱정했었다. 그런데 점점 자랄수록 더 예쁘고 사랑스러웠다. 내 딸이라 그렇기도 하지만 일가친척들과 보는 사람들마다 그렇게 여겼다. 우리 셋째는 마음이 여리고 착하디착한 딸이다. 무학여고와 상명여대를 졸업 후 일본회사에 근무하다 최고의 신랑 만나 복된 아들과 함께 도쿄에서 잘살고 있다. 우리 셋째 사위는 고대 경영학과와 카이스트 경영대학원을 수석 졸업한 공학박사 출신으로 국내외 손꼽히는 펀드 회사 상무와 전무를 거쳐 지금은 일본 도쿄에서 근무 중이다.

마침내 하나님께서 막내로 아들을 주셨다. 우리 아들은 어려서부터 말썽 없이 잘 자라주었다. 부모를 떠나 제 누나들과 함께 서울에서 생활하며 광희중학교와 경신고등학교를 거쳐 연세대학교와 장로회신학대학원을 졸업 후 목사안수를 받았다. 뉴욕 신학대학교에 유학 후 숭실대학교 상담대학원 석사과정과 한세대학교 상담학 박사학위를 취득하여 상담사로 근무 중이다. 자식 자랑은 반병신이라지만 이것이 자식을 사랑하는 부모의 마음 즉 storge Love라고 생각한다.

필자에게 4명의 손자 손녀가 있다. 큰 외손자는 초등학교 5학년 때 도미 유학하여 워싱턴에서 중고등학교를 졸업하고 인디아나 주립대학교 경영학과와 동 대학원 경영학 석사학위를 취득 후, 미국 최대 보험사인 Anthem 사에서 경영자 스펙(자격 요건)을 쌓고 귀국하여 한국금융투자협회 투자자산운용사 시험에 합격했고 연이어 한국투자금융사에 합격했다. 둘째 외손자는 제 부모와 함께 일본 도쿄에서 거주하며 도쿄국제중학교에 재학 중으로 야구와 축구를 좋아하고 클라리넷 독주회를 발표했다. 큰손녀는 인천 숭덕여고 2학년에 재학 중이며 둘째 손녀는 초등학교 6학년으로 올곧고 건강하며 학교생활도 우수하여 감사하다. 가끔 할아버지와 할머니를 위한 장기자랑을 하는 모습이 귀엽고 대견하다.

욕심 같아서는 더 많은 손자 손녀들이 있었으면 좋으련만 그것은 오직 부모의 바람일 뿐 자식들의 인생까지 관여할 수는 없는 일이다. 다만 어렵고 힘든 여건에서 학업을 잘 마치고 모두 나름대로 안정적 삶을 영위함에 대견하게 여기며, 분에 넘친 효도에 늘 고마울 뿐이다. 특히 저희 형제자매들끼리 우애 있음을 볼 때 행복을 느끼며 하나님께 감사드린다. 부모의 자식 사랑과 자식의 부모 효도, 그리고 형제자매간의 우애 등 가족 간의 사랑을 Storge Love라고 한다.

<자손들을 위한 기도>

불초한 종을 여기까지 도우신 에벤에셀의 하나님!

먼저 된 자가 나중 되고 나중 된 자가 먼저 되게 하시며, 오후 늦게 포도원에 들어온 품꾼에게 먼저 들어 온 품꾼과 똑같은 품삯을 받게 하시고, 선한 자나 악한 자에게 공기와 햇빛과 비를 골고루 주심같이, 부족하고 연약한 종에게 늦깎이로라도 목사가 되게 하시고 대과 없이 목회를 마치고 은퇴하여 자손들의 효도를 받으며 인생 말년의 복된 삶을 허락하신 성 삼위 하나님께 영광과 존귀와 찬양을 올려 드립니다.

종에게 너그러움과 여유를 주시고 서로 사랑하고 아끼는 본을 보이게 하시고 온 가족이 믿음과 사랑으로 하나 되게 하옵소서. 모든 자손이 이기적인 마음으로 서로에게 아픔을 주지 않게 하시고, 물질적 풍요보다 마음의 풍성함을 소중하게 여기게 하시옵소서. 없는 것에 대해 불평불만 하기보다 있는 것을 감사하는 여유와 풍요로움이 있게 하옵소서.

자손들이 하나님과 사람들 앞에 사랑받게 하시고 또한 많은 것으로 넉넉히 베풀 수 있는 귀한 삶이 되도록 끝까지 인도하여 주시옵소서. 교만으로 오는 자존심과 허영심을 모두 버리고 겸손과 정직하게 살 수 있도록 은총 내려 주시옵소서.

작은 지식으로 타인을 판단하지 않게 하시고 모든 사람을 존중할 수 있는 겸허함을 주시옵소서. 실수하거나 실패했을 때 비난이나 욕하기보다 이해와 용서, 격려와 포용할 수 있는 인격을 소유하게 하시고 늘 기쁘게 살아가는 자손들 되게 하여 주시기를 기도드립니다.

장녀에게는 교학처장 업무와 모든 학사처리를 잘할 수 있는 예리한 판단력을 주시고 특별히 학생들을 잘 가르치는 지혜와 지식의 은사를 주시옵소서. 학장을 비롯한 동료 교수들과 교직원들에게 넉넉한 덕을 베푸는 교수가 되기를 간절히 기도합니다. 이제는 더 보람된 학장이나 원장의 보직을 맡을 기회가 있기를 기도합니다. 영육간에 건강 부족하지 않도록 인도하여 주시옵소서.

둘째 딸과 사위에게 사업경영의 지혜가 충만케 하시고 추진하는 여러 공사 현장이 착오 없이 잘 시행될 수 있도록 인도하여 주시옵소서. 아파트와 백화점 등 건축하는 모든 과정이 어렵지 않게 인도하여 주시옵소서. 거대한 사업을 운영하기에 건강이 필요합니다. 지혜와 총명도 필요합니다. 부족하지 않게 은혜 내려 주시옵소서. 행정지원에 걸림돌이 없게 하시고 사업자금이 차고 넘치도록 덕 있는 투자자들을 많이 붙여주시옵소서. 공사의 시작부터 완공까지 사탄과 마귀가 틈타지 못하게 막아주시고 사소한 사고라도 발생하지 않도록 지켜주시옵소서. 시기 질투하는 자들이나 손해 끼치는 악한 세력들도 한길로 왔다가 일곱 길로 혼비백산케 하시옵소서. 늘 겸손하고 많은 사람에게 존경과 사랑받는 기업인이 되도록 축복하여 주옵소서. 직원들도 잘 관리하는 능력을 주셔서 내부적으로 불평불만 자가 도사리지 못하도록 지켜주시옵소서. 겸손하며 정직한 사장과 전무 되게 하시고 직원들도 사랑으로 잘 관리할 수 있는 권능을 주시옵소서. 큰 외손자에게 은혜 내려 주셔서 인디아나 주립대학원 경영학 석사학위를 잘 마치고 귀국할 수 있게 하심을 감사합니다. 귀국 직후 투자자산운용사 시험과 한국투자공사 시험에 합격하게 하심을 감사드립니다. 보람된 평생직장과 직책도 허락하여 주옵소서. 국가와 민족을 위해 크게 쓰임 받게 인도하여 주시옵소서.

셋째 딸과 사위와 외손자에게는 외국 생활에 외롭지 않게 하시고 비록 코로나19의 endemic(종식시대)이 될지라도 지혜롭게 잘 대처하여 건강히 살 수 있는 은혜를 내려 주옵소서. 사위와 딸의 건강과 직장이 복되며 늘 감사가 넘치도록 크신 은혜 내려 주시옵소서. 외손자에게 지혜와 지식의 은사를 주시며 늘 건강하고 올곧게 믿음으로 잘 성장하여 가문의 자랑이 되게 하시고 국가와 민족 앞에 위대하게 쓰임 받도록 인도하여 주시기를 간구합니다.

또한 아들에게 은혜 내려 주심을 감사합니다. 하나님 앞과 사람 앞에 귀하고 꼭 필요한 인물로 쓰임 받게 하시고 건강과 물질이 궁핍하지 않은 삶으로 인도하여 주시옵소서. 상담 임무 수행에 지혜와 총명으로 인도해 주시옵고 물질적 삶도 풍성하여 많은 사람에게 도움과 베풂의 삶을 살게 하옵소서. 큰 손녀와 작은 손녀 위에 지혜와 지식의 은사를 더하여 주시고 늘 건강하여 올곧고 예쁘게 성장할 수 있도록 은총 내려 주시기를 예수님 이름으로 간절히 기도드립니다. 아멘.

Eros Love

(부부 사랑)

Eros Love는 신적 사랑을 비롯한 부모 자식, 형제자매, 주인과 노예, 지배자와 신하 간에는 사용 불가한 사랑 표현으로 "~과 사랑에 빠진다는 뜻으로 성적 상대자인 특정 개인에 대한 강한 욕망을 의미한다고 지식 사전은 기록하고 있다.

먼저 남편의 자리를 정리해 본다. 남편은 혼인하여 여자의 짝이 된 남자로 한 여자의 배우자가 되어 여자인 아내를 사랑하고 자녀를 낳아 양육하는 책임을 지는 아버지가 곧 남편이다. 남편을 가장(家長)이라 예우하며 가부장적 권위를 높여 주던 시대도 있었다. 그러나 오히려 가정을 파괴하는 잘못된 제도가 되기도 했다.

부부는 동등한 권리와 사랑을 주고받는 공동체이다. 그러므로 남편은 아내에게 특별한 배려와 존중해야 할 의무가 있다. 왜냐하면 아내는 신체적 정신적 약자이기 때문이다. 필자는 아내와 56년을 해로하며 가정제반사를 위임하며 살고 있다. 왜냐하면 남편(필자)보다 근면 성실하기 때문이다. 좀 더 부연(敷演)하자면 남편인 필자는 지출형이고 아내는 수입형이다. 남편은 만지는 것마다 부수고 고장 내며 손해와 말썽을 일으키는 형이고 아내는 하는 일마다 수리하고 수습하며 수익을 내는 형이다. 남편은 즉흥적이면서도 망설이는 형이고 아내는 매사에 심사숙고형이나 결정하면 추진력과 실천력이 우월한 형이다.

더구나 남편인 필자가 사회생활의 첫 직장이 경찰관이다 보니 늘 외근근무가 잦았고 그 후 사업을 하면서도 출타가 많아 가사에 신경을 쓰지 못했다. 사업의 부도 이후 43세의 늦깎이로 신학대학과 대학원을 만학하며 목회자의 삶을 살다 보니 금전 문제를 책임질만한 처지가 되지 못함이 결정적 이유이다.

다음은 아내에 관한 정의이다. 국어사전에는 아내를 남편의 짝으로서의 여자로 정의하고 있다. 기독교의 경전인 성경에서는 결혼하여 남편의 짝이 된 배우자를 지칭하는 용어로 부부간의 인격이 동등함을 가르치고 있다. 다만 그 직능과 질서상 아내는 남편에게 복종하되 교회가 그리스도께 복종하듯 해야 하며 또 남편은 아내를 사랑하되 그리스도께서 교회를 사랑하듯 아내를 사랑하라고 가르치고 있다.(엡5:21-33)

회자 되는 유머(humor) 중에 happy wife, happy life 즉 아내가 행복해야 인생이 행복하다고 하고 인명재천(人命在天)이 아니라 인명재처(人命在妻)라 하여 남편의 운명은 아내 손에 달렸다는 속어들도 있다.

팔만대장경에는 "아내는 남편의 영원한 누님"이라고 했고, 영국 속담에는 "좋은 아내를 갖는 것은 제2의 어머니를 갖는 것과 같으며 좋은 아내는 남편이 탄 배의 돛이 되어 그 남편을 항해시킨다."라고 했다. 피천득 신부는 "아내는 행복의 제조자 겸 인도자이다."라고 했으며, 탈무드에는 "아내를 괴롭히지 마라. 하나님은 아내의 눈물방울을 세고 계신다."라고 했다. 베이컨은 "아내는 젊은이에게는 연인이고 중년 남자에게는 반려자이고 늙은이에게는 간호사이다."라고 했고, 칸트는 "남편 된 사람은 아내의 행복이 자신의 전부라는 것을 행동으로 보여주어야 한다."라고 했다. 이 세상에 아내라는 말처럼 정답고 아늑하며 마음이 놓이고 편안한 이름이 또 어디 있으랴!

우리 부부는 피차 흙수저 출신이다. 아내는 간호 고등학교를 졸업한 후 국가 간호사 시험에 합격하여 시 군 보건소 선임간호사로 13년의 공직생활 후, 조기 퇴직했다. 그 후 진수 환경(주)과 신흥사료(주)를 설립하여 상당한 재산을 모아 지인들의 부러움을 받기도 했다. 이것은 아내의 42세까지의 이력이다. 얼마 후 경영하던 회사가 부도나 빚쟁이가 되었고 아내의 고생은 그때부터 시작이었다. 이미 3녀 1남의 엄마였을 뿐만 아니라 장모님을 모시며 시동생 2명을 결혼시켜 분가하게 했다. 어느덧 중 고 대학생이 되어 있는 자녀들을 서울로 이주시켜 등록금과 생활비를 충당해야 했고 남편까지 호남신학대학교에 늦깎이 신학생이 되게 했다. 그뿐만 아니라 부도난 빚 청산 난제까지 떠맡았다. 필자가 목사안수를 받을 때까지 외진 곳에 있는 교회를 지키며 낮에는 전도하고 밤에는 차디찬 교회 바닥에 엎드려 낙타 무릎 같은 굳은살이 박히도록 기도에 매달렸다. 아내는 필자가 목사안수를 받은 후 뉴욕 플러싱에 있는 이민교회 담임 목회자로 초청되어 도미한 후 서울에서 공부하는 자녀들과 합가했다. 필자의 이민 목회가 어렵게 되어 귀국한 후 서울 서초구 방배동에서 개척교회를 시작했다. 낮에는 동네 아이들을 불러 모아 무상 돌봄을 시작했고, 결국 그곳에 어린이집을 허가받아 운영하기 시작했다. 필자 역시 매일 밤 서울 청계산기도원에서 3마리 토끼를 잡게 해 주십사하는 밤샘 기도(철야 기도)를 드렸다. 하나님께서 우리 부부의 기도에 응답해 주셔서 1층은 어린이집 2층은 예배당 3층은 사택으로 건축된 3년 된 건물을 계약하게 하셨다. 물론 은행 빚이었다. 아내는 1인 6역을 감당하며 빚을 갚아 나갔다. 주일(일요일)은 교인들의 사모로, 주중에는 어린이집 원장과 교사로, 때로는 주방 선생으로, 청소부로, 심지어 어린이집 운전기사까지 도맡았다.

아! 하나님의 은혜로 상상키 어려운 환경에서 초인적 삶을 살면서 초년에 이루지 못한 학문의 꿈을 만학으로 이루어 내기도 했다. 한성

디지털 대학교 보육학과와 청운대학교 식품영양학과를 졸업하는 또 순이 인생을 살았다. 결국 잃어버린 세월의 보상과 가정회복이라는 놀라운 저력을 발휘했다. 이 세상 어느 여자보다 고생한 아내이다.

나라의 태평성대는 임금께 달려 있고 가문의 흥망성쇠는 어진 아내에게 달려 있다는 격언이 있다. 또한 필자가 존경하는 로널드 레이건 미국 대통령의 회고록에 "내가 낸시를 만난 것은 하나님이 내게 준 최고의 선물이었다."라고 한 고백이 아내 사랑에 대한 최고의 문장이요 최상의 명언임은 물론 필자가 아내에게 꼭 해 주고 싶은 대사이다. 아내 자랑하는 ×(者)은 온 병신이고 자식 자랑하는 ×(者)는 반병신이라는 속담이 있지만 그러건 말건 간에 필자는 아내 자랑하는 온 병신 쪽을 택한다. 이것이 에로스(Eros) 사랑 즉 부부(남녀) 사랑의 최고봉이다.

Philia Love

(친구 사랑)

외 기타 사랑

Fhilia love(친구 사랑)에 대하여는 다섯 번째 복 친구(friend) 장에서 논하기로 하고 본 장에서는 기타 사랑에 대해 말한다.

(1) 루두스(Ludus)사랑

카사노바처럼 유희하듯 즐기는 사랑을 의미한다. 상대방에게 큰 관심은 없고 만남 자체가 재미있고 즐거움을 추구하는 사랑을 말한다. 이들은 사랑을 위해 헌신할 용의도 없을 뿐만 아니라 한 사람만을 위함이 아니라 새로운 사람을 만나도 특별한 감흥도 느끼지 못하여 진정한 사랑을 해 본 경험이 없다는 결점이 있다.

(2) 마니아(Mania) 사랑

감정적이고 소유적인 사랑을 뜻하는 질투와 소유욕이 강하고 광기와 분노가 지속되는 상태의 사랑을 말한다. 주로 연애에 서툰 초보자나 외로움을 많이 타는 사람들에게 나타나는 현상이다. 또한 성인이 되어서도 외로워하며 자기의 일에 쉽게 만족하지 못한다. 극도의 질투심과 상대방에게 더 많은 애정을 요구하는 유형의 사랑이다.

(3) 프래그마(Pragma) 사랑

원하는 이성의 조건을 나열하여 해당 조건에 맞는 사람을 사랑하게 되는 것이다. 주로 상대방의 외모나 직업, 능력 등이 조건이 된다. 냉혹하다는 비판과 어울리는 상대방을 찾기 위해 현실적이고 현명한 방식을 추구한다.

(4) 플라토닉(Platonic) 사랑

플라토닉 사랑은 플라톤의 『대화』 향연 편에서 기원을 찾을 수 있다. 사랑의 감정이 어떻게 시작되며 성적, 비 성적 사랑 양쪽 모두 관련하며 사랑은 지혜에 이르는 수단이라고 말한다. 마음과 영혼을 고무시켜 정신적인 것에 집중하는 것이다.

(5) 필로시아(Philatia) 사랑

자기애를 뜻하는 말로 자신과 사랑에 빠져 남을 돌보지 않음과 비슷하며 허영심과 이기심의 상태로 나타난다. 이것을 꼭 나쁘게만 취급할 수 없는 것은 자기 자신을 사랑하는 사람이 남도 사랑할 수 있다는 말이 있듯이 20세기에 들어서 자기애에 대한 재해석으로 자존감, 건강한 자아 등으로 쓰이기도 한다.

PART 5

다섯 번째 복:

친구(friend)

친구는 소중한 재산과도 같다. 친구가 있는 사람들은 노년에 가장 큰 부분을 차지하는 무료함에서 해방된다. 특히 은퇴 후 인간관계와 사회적 관계는 점점 좁아지고 사라진다. 자식도 독립하여 떠나고 심지어 부부 중 한 명도 먼저 떠나 이야기 나눌 상대가 소중해진다. 우리에게 주어진 삶을 멋지게 엮어가는 지혜는 우정에 있다. 사람은 사회적 동물로 혼자서는 행복을 누릴 수 없기 때문이다. 그 행복은 친구가 있는 사람만이 누릴 수 있는 특권이다.

친구란 무엇인가?

친구의 사전적 의미는 가깝게 오래 사귄 사람으로 영어로는 friend라는 단어를 사용하며 lover의 의미로도 사용하는 Phillea Love(친구 사랑)라고 정의하고 있다. 특히 아리스토텔레스가 다룬 Philia love(친구 사랑)는 친구라는 뜻을 가진 그리스어 필로스(Philos)에서 비롯된 단어로 사랑을 뜻 하지만 특별히 친구 우정과 관련된 사랑을 나타내고 있다. 우정은 덕스러움이고 도덕적으로 수련된 선한 행동이 요구되며 우정 없는 완전한 덕목은 불가능하다고 하며 인간의 삶에 우정의 절대적 필요성을 역설하고 있다.

한편 아리스토텔레스는 3가지 우정을 설명하면서 첫째로 쾌락의 우정으로 서로의 즐거움을 위해 맺어진 관계라 했고 둘째는 서로에게 약속하는 이익에 관심을 기울이는 우정을 말하며 셋째는 쾌락과 이익을 떠나 자기 자신이 가장 좋아할 수 있는 상대가 친구라고 기록되어 있다. 철학자 키케로는 "가장 가까운 친구는 인생의 최고 버팀목이다."라는 명언을 남겼고, 그라시안은 "친구를 갖는다는 것은 또 하나의 인생을 갖는 것이다."라고 했으며, 에피쿠로스는 "한 사람이 평생을 행복하게 살아가는 데 필요한 것 중 가장 위대한 것은 친구이다."라고 했다. 존 철튼 콜린스는 "풍요 속에서는 친구들이 나(우리)를 알게 되고, 역경 속에서는 내(우리)가 친구들을 알게 된다."라고 했다.

이시형 박사는 그의 저서 『인생 내공』에서 친구 부자가 되라고 조언하고 있다. "노인이 될수록 옆에 있어야 할 동반자는 친구 같은 아내와 마음이 통하는 친구이다. 좋은 아내와 좋은 친구는 힘든 인생길의 위로자이고 머나먼 순례길의 동행자와 같다. 늙어 가면 아내와 친구만큼 소중한 존재가 없다. 친구가 많은 것이 친구 부자가 아니고 한둘이라도 마음이 통하는 친구가 삶을 풍요롭게 하는 진짜 친구 부자다."라고 언급하고 있다.

우리말의 친구는 친할 친(親)자와 옛 구(舊)로 이루어진 단어로 만남이 오랫동안 지속된 관계를 말한다고 하며 또 다른 한자 풀이로 親(친) 자는 설립(立), 나무 목(木), 볼 견(見)이 합쳐진 글자로 집 나간 자식이 돌아오기를 기다리며 높은 나무 위에 올라서서 멀리 동구 밖을 바라보는 아비의 애잔한 마음을 뜻하고 舊(구) 자는 풀 초(艹) 새 추(隹) 절구 구(臼)이니, 새가 풀을 모아 둥우리를 짓고 오래전부터 깃들어 있다는 뜻으로 친구란 어진 마음으로 한 둥우리에서 오랫동안 함께하는 사이라는 뜻이 있다.

물은 낭떠러지를 만나야 아름다운 폭포가 되고, 붉게 물든 고운 석양은 구름을 만나야 환상적인 낙조의 풍경을 이룬다고 한다. 좋은 친구들을 만나게 됨이 다시 없는 축복이며 행운인 것을 세월이 흐르면서 깨닫는 추억이다. 한 줌 밖에 안되는 손으로 무엇을 쥐며 한 자(尺) 밖에 안되는 가슴으로 얼마나 안겠다고 아등바등하던 지난날을 "전도자가 이르되 헛되고 헛되며 헛되고 헛되니 모든 것이 헛되도다(전도서 1:2)"라는 말씀을 조금씩 이해할 듯하다. 그래도 내 인생 81년의 삶에서 귀한 분들과 교제하며 지낼 수 있었음이 얼마나 복되고 귀한 노년의 삶인가 말이다. 좋은 친구는 많이 배우고 많이 가지고 지위가 높은 사람이 아니라 피차 뜻과 처지가 다를지라도 배려와 경청, 베풂과 존중으로 함께 하는 동반자 역할임을 되새겨 본다.

테너 박인수 교수의 「친구 이야기」를 감상하며 '100세 시대의 팔복' 중 하나인 친구에 관한 글을 쓰고 있다.

"많지 않아도 그리고 자주 만날 수 없어도
나에게 친구가 있음은 얼마나 소중한 것입니까?
멀리 있어도 가만히 이름 불러 볼 수 있는
친구가 나에게 있음은 얼마나 행복한 일입니까?
내 좋은 친구를 만날 때면 웃음마다 봄날 기쁨입니다.
보고픈 친구를 생각할 때면 그리움은 잔잔한 행복입니다.
많지 않아도 그리고 자주 만날 수 없어도
나에게 친구가 있음은 얼마나 소중한 것입니까.
내 좋은 친구를 만날 때면 웃음마다 봄날 기쁨입니다.

보고픈 친구를 생각할 때면 그리움은 잔잔한 행복입니다.

많지 않아도 그리고 자주 만날 수 없어도

나에게 친구가 있음은 얼마나 소중한 것입니까.

얼마나 소중한 것입니까"

친구의 중요성

현대사회를 우(友)테크 시대라 한다. 즉 진정한 친구를 많이 만들어야 한다는 것이다. 그래야 단명하지 않고 장수를 누리며 행복할 수 있다는 것이다. 단명한 사람과 장수하는 사람의 차이를 미국인 7,000명을 대상으로 9년간 추적 조사한 결과가 아주 흥미롭게 발표되었다.

흡연, 음주, 사회적 지위, 경제 상황, 인간관계 등을 조사한 결과가 의외의 사실이 밝혀졌다. 담배나 술은 수명과 무관하지는 않지만 일하는 스타일, 사회적 지위, 경제 상황 등은 장수 여부와는 결정적 요인이 아니었다. 오랜 조사 끝에 장수하는 사람들의 공통점 하나는 친구의 수(數)였음이 밝혀졌다. 즉 친구의 수가 적을수록 쉽게 병에 걸리고 일찍 죽는 사람들이 많았다. 인생의 희로애락(喜怒哀樂)을 함께 나누는 친구들이 많고 그 친구들과 보내는 시간이 많을수록 스트레스가 줄며 더 건강한 삶을 유지한다는 것이다.

친구는 소중한 재산과도 같다. 친구가 있는 사람들은 노년에 가장 큰 부분을 차지하는 무료함에서 해방된다. 특히 은퇴 후 인간관계와 사회적 관계는 점점 좁아지고 사라진다. 자식도 독립하여 떠나고, 심지어 부부 중 한 명도 먼저 떠나 이야기 나눌 상대가 소중해진다. 우리에게 주어진 삶을 멋지게 엮어가는 지혜는 우정에 있다. 사람은 사회적 동물로 혼자서는 행복을 누릴 수 없기 때문이다. 그 행복은 친구가 있는 사람만이 누릴 수 있는 특권이다.

89세로 작고한 우리나라의 문학평론가요 언론인, 저술가, 국어국문학자, 교수, 문화부 장관을 지낸 이어령 박사님의 『이어령의 마지막 수업』이란 책에서 "나는 존경은 받았으나 사랑은 못 받았다. 그래서 외로웠다. 다르게 산다는 건 외로운 것이다. 세속적인 문필가, 교수, 장관으로 활동했으니 성공했다고 할 수 있을 것이다. 그러나 나는 실패한 삶을 살았다. 겸손이 아니다. 나는 실패했다. 그것을 항상 철저하게 느끼고 있다. 내게는 가깝게 오래 사귄 친구가 없다. 그래서 내 삶은 실패했다. 친구가 없는 삶은 실패한 인생이다. 혼자서 나의 그림자만 보고 달려왔던 삶이다. 동행자 없이 숨 가쁘게 여기까지 달려왔다. 더러는 동행자가 있다고 생각했지만, 나중에 보니 모두 다 라이벌(rival), 경쟁자였다."라고 술회하고 있다.

또한 세계기독교부흥사협의회 대표단장이며 동해청운교회 김병훈 원로 목사는 "정기적으로 밥 먹고 커피 마시면서 수다를 떨 수 있는 친구를 만들어야 삶이 풍성해진다. 나이 차이, 성별, 직업과 관계 없이 함께 만나 얘기할 수 있는 사람이 있다면 외롭지 않을 것이다. 조용히 얘기를 듣고, 속 터놓고 얘기를 나누며, 살짝 미소 짓는 그런 친구가 있다면 그것이 성공한 인생이다."라고 한다.

그러므로 친구는 환경과 처지가 좋든 나쁘든 간에 늘 함께 있었으면 하는 사람이고, 내게 문제가 생겼을 때 기탄없이 대화하고 싶은 사람이며, 좋은 소식을 들으면 맨 먼저 알리고 싶은 사람이다. 다른 사람에게 밝히고 싶지 않은 일도 말하고 싶은 사람이며, 마음이 아프고 괴로울 때 의지하고 싶은 사람이다. 쓰러져 있을 때 무릎 꿇어 일으키는 사람이고, 슬플 때 기대어 울 수 있는 사람이며, 내가 울고 있을 때 그의 눈에도 눈물이 고이는 사람이다. 내가 실수했어도 언짢아하지 않은 사람이고, 필요에 따라 충고와 위로를 해줄 수 있는 사람이며, 나의 무거운 짐을 조금이라도 가볍게 들어 주는 사람이다. 서로 가지고 있는 것을 즐겁게 나누어 쓸 수 있는 사람이며, 피차 계산하고 재거나 비판과 이기적이지 않고 말만 같이해도 마음이 좋아지는 사이이다. 그래서 친구는 가까울수록 좋고 자주 만나면 더 좋고 많을수록 더 행복하다는 것이다.

친구 사이가 얼마나 중요한지 사자성어와 심지어 성경에서조차 많은 구절에 기록되어 있다. 친구를 표현하는 사자성어는 다음과 같다.

(1) 어린 시절 대나무 작대기를 말 타듯 함께 타고 자라며 비밀이 없을 정도로 가장 절친한 친구를 죽마고우(竹馬故友)라 하고 (2) 물과 물고기의 숙명처럼 삶의 환경을 함께 하는 친구를 수어지교(水漁之交)라 하며 (3) 무쇠나 돌처럼 변함없이 견고함을 지닌 친구를 금석지교(金石之交)라 하고 (4) 서로의 의기가 모여 언제나 편안한 친교를 함께하는 친구를 막역지교(莫逆之交)라 하며 (5) 허물이 있어도 언제나 밀어주고 당겨주는 친교의 친구를 관포지교(管鮑之交)라 하고 (6) 목숨을 걸고 맺은 신의의 친구를 문경지우(刎頸之友)라 한다.

우리에게 위와 같은 친구 한두 명이 언제 어디서나 함께 할 수 있다면 성공한 인생이다. 공자는 "한 해가 추워진 연후에야 소나무와 잣나무가 늦게 시든다는 것을 알 수 있다."라고 했듯이 진정한 친구는 어려운 역경에서 그 진가가 발휘되는 것이라 했다. 다시 말하면 외롭고 어려움에 부닥쳤을 때 도움을 주고받을 수 있는 친구를 두고 있다면 그야말로 진정한 친구를 가지고 있다고 할 수 있다.

그 외에도 친구를 3가지 종류로 분류하는 예가 있다. 첫째는 말로만 소통하는 친구(Say to Say)로 가끔 만나면 근황이나 세상 돌아가는 잡다한 이야기를 하다가 기약 없이 헤어지는 친구가 있는가 하면 둘째로 머리로 소통하는 친구(Head to head)로 잡담을 넘어 생각과 문제를 해결하고 돕는 단계의 친구가 있으며 셋째로 마음으로 소통하는 친구(Heart to Heart)로 어떤 경우에도 불편하지 않고 속마음을 털어놓을 수 있는 친구가 있다고 한다.

그런가 하면 친구 관계의 중요성을 성경(聖經)에서도 많은 구절을 볼 수 있다.

(1) 친구는 사랑이 끊어지지 아니하고 형제는 위급할 때를 위해 났느니라. (잠 17:17) 하여 친구와 변치 않은 끈끈한 우정의 필요성을 언급하며

(2) 많은 친구를 얻는 자는 해를 당하게 되거니와 어떤 친구는 형제보다 친밀하니라. (잠18:24) 하여 얼마나 많은 친구를 가졌느냐보다 꼭 필요한 친구 관계인가를 요구하고 있고

(3) 재물은 많은 친구를 더하게 하나 가난한즉 친구가 끊어지느니라. (잠19:4) 하여 친구와의 사귐은 돈의 유무와 결부하지 말아야 할 것과

(4) 마음의 정결을 사모하는 자의 입술에는 덕이 있으므로 임금이 그의 친구가 되느니라. (잠22:11) 하는 말씀으로 덕목 있는 삶의 중요성을 말하고

(5) 친구의 아픈 책망은 충직으로 말미암는 것이나 원수의 잦은 입맞춤은 거짓에서 난 것이니라. (잠27:6) 하여 친구의 충고를 가볍게 여기지 말 것과

(6) 기름과 향이 사람의 마음을 즐겁게 하나니 친구의 충성된 권고가 이처럼 아름다우니라. (잠27:9) 하여 친구의 충고를 귀담아들을 것이며

(7) 네 친구와 네 아비의 친구를 버리지 말라. (잠27:10) 하여 친구의 중요성과 위대함을 말하고

(8) 친구를 지적하여 해를 받게 한 자의 자식들은 눈이 멀지니라. (욥17:5) 하여 친구를 고자질하거나 고발한 자는 자식 대까지 응보를 받게 한다고 무섭게 경고하고 있다.

(9) 나의 친구들아, 먹으라. 나의 사랑하는 사람들아 마시고 많이 마시라. (아5:1)

노래 중의 노래라는 구약성경 아가서의 교훈으로 친구와 즐기고 마시며 베풀어 기쁨을 함께 나누도록 권면하고 있다.

(10) 사람이 친구를 위하여 자기 목숨을 버리면 이보다 더 큰 사랑이 없다(요 15:13) 하는 예수 그리스도의 말씀으로 목숨까지 바칠만한 친구의 중요성에 관해 기록되어 있다.

필자에게 수십 년을 하루같이, 매월 숫자가 같은 날 '친구 생각 하는 날'로 정해 위로와 격려, 칭찬과 감사의 글을 보내준 김만기 친구 목사께 진심으로 존경하고 사랑한다는 말을 전한다. 그 외에도 매일 전화와 카톡으로 안부를 주고받는 친아우 같은 수원 신명교회 최용호 목사님, 친형님 같은 조재현 목사님, 순천매산중고등학교 동기들, 호신동기모임 형제회, 장로회신대원 동기모임 광우회, 총회부흥전도단, 서울부흥전도단, 사인회, 안수산, 부천노회와 은목회, 전국은목회, 서울은목회, Ansan senior mtb club 동호회, 호수수영장 동호회 등 참으로 귀한 친구들이 있음은 내게 주신 하나님의 크신 축복 중 하나로 여겨 감사하다.

과연 나는 친구들의 깊은 우정에 얼마나 그리워하고 사랑하며 대접했는가를 회고하면서 최선을 다하지 못함을 깊이 뉘우친다. 필자의 여생이 얼마인지는 알 수 없으나 생명 있는 동안 그립던 친구를 찾고 대접하는 일에 게으르지 말아야 할 것을 다짐해 본다. 지금까지 친구가 되어 준 벗들께 고마움을 전한다. 늘 건강 잘 챙기고 복된 소식 주고받기를 기원해 본다.

다윗과 요나단

(정적을 초월한 생명의 우정)

신구약 성경 66권에 친구에 관한 기록 중 가장 본받을 만한 친구 관계는 다윗과 요나단(사울 왕의 장남)과의 우정이라 할 수 있다. 소년 다윗은 유다 베들레헴 출신 이새의 8번째 막내아들로 태어난 목동 출신이다.

17세의 어린 목동 David(다윗)가 불레셋과 전쟁 중인 형들의 생사 확인을 위해 전쟁터를 찾았을 때 하나님의 능력을 힘입어 적장 골리앗 장군을 물맷돌로 쳐 죽여 패전 위기에서 나라를 건지고 개선장군이 되어 예루살렘에 입성한다. "사울이 죽인 자는 천천(千千)이요 다윗이 죽인 자는 만만(萬萬)이다."라는 온 백성의 열광적 환대와 박수 받으며 예루살렘에 개선한다. 다윗은 이스라엘을 패전 위기에서 구한 영웅이 되어 일약 대스타가 된다.

다윗은 그때를 계기로 사울 왕의 딸 미갈과 결혼하여 왕의 사위가 된다. 사울 왕은 다윗에 대한 백성들의 환호와 지지에 자기 아들

요나단의 왕위계승이 위태로움을 느껴 다윗을 죽이려고 온갖 계략을 쓴다. 이를 알아차린 사울 왕의 아들이자 다윗의 친구였던 요나단은 자기의 왕위계승에 걸림돌이 될 정적임에도 불구하고 다윗을 끝까지 도와 친구의 목숨을 살린 문경지우(刎頸之友)가 된다.

사울 왕은 아들 요나단에게 군대를 동원하여 다윗을 죽이라고 명령했지만, 요나단의 거부로 실패한다. 사울 왕은 자신이 직접 나서 다윗을 죽이려 한다. 그러나 요나단은 자기의 영광스러운 왕위까지 포기하며 부왕 사울의 다윗 살해 음모를 누설시켜 친구 다윗의 생명을 보호해 준다. 요나단은 자기 왕위계승에 장애 되는 친구지만 끝까지 친구의 의리를 지키며 사랑했던 다윗과 요나단의 끈끈한 친구 관계를 유지한다. 이런 친구야말로 이 세상 무엇과도 바꿀 수 없는 생명의 은인이며 보물 중 보물이라 할 수 있다. 조금도 손해 보려 하지 않는 각박한 세대에서 꼭 배우고 닮아야 하는 우정이다. 친구를 위하여 목숨을 버리는 것, 이에 더 큰 사랑은 없다는 성경 말씀은 진리이다.

이순신과 류성룡

(벗을 영웅으로 만든 우정)

중국에 관포지교(管鮑之交)가 있다면, 조선에는 류이지교(柳李之交)가 있다. 당대 최고의 천재였고 영의정이던 류성룡과 이순신의 우정은 각자의 단점보다 장점을 더 중시하며 서로에게 멘토가 되어 주었다. 그들의 우정이 멸망의 위기 앞에 선 조선을 구했다. 이순신의 부모는 이순신의 몸을 낳았지만, 류성룡은 이순신이라는 군신을 낳았다.

이순신과 류성룡은 꿈속에서도 비바람을 함께 맞았을 만큼 서로를 그리워한 친구 사이였다. 이순신은 꿈속에서도 류성룡과 함께 나라를 걱정했다. 이순신이 임진왜란의 위기 7년간 쓴 「난중일기」에는 류성룡이 등장하는 꿈이 네 번이나 등장한다. 류성룡은 이순신에게 그만큼 중요한 인물이었다. 1593년 8월 1일 『난중일기』에는 다음과 같이 이순신과 류성룡의 긴밀한 관계가 기록되어 있다.

"새벽꿈에 커다란 궁궐에 도착했는데 서울인 것 같았고, 이상한 일이 많았다. 영의정 류성룡이 와서 인사하기에 나도 답례했다. 임금이 피난 가신 일을 눈물을 흘리며 탄식하다가 '왜군의 형세는 이미 끝났다'라고 말했다. 서로 일을 의논할 즈음, 사람들이 구름같이 모여들었다."

이순신이 대궐에 간 꿈을 꾼 1593년 8월 1일은 그에게 중요한 일이 일어난 날이다. 전쟁이 일어난 뒤 1년여 동안 조선 수군은 전라 좌수사 이순신, 경상 우사 원균, 전라 우수사 이억기가 공동 지도자로 수군을 운영했다. 최고의 지도자가 없는 상태에서 많은 갈등이 유발되었다. 이순신이 류성룡을 만나 나라를 걱정하는 꿈을 꾼 그날, 조정에서는 삼두마차의 갈등 해결책으로 최고 지휘관인 삼도 수군통제사 제도를 신설했고, 이순신을 임명했다. 이순신이 삼도 수군통제사가 된 것을 알게 된 것은 8월 10일이었고, 정식 교서가 도착한 것은 8월 25일 경이었다. 이순신이 미래를 예지한 꿈 중 하나다. 이렇듯 이순신과 류성룡은 위기의 조선을 구하기 위해서 꿈속에서도 비바람을 함께 맞으면서 그리워한 친구 사이였다.

『홍길동전』을 지은 허균에 따르면 류성룡, 이순신, 원균, 허균의 형 허봉은 모두 서울 건천동 출신이라고 한다. 허균은 류성룡이 이순신을 등용한 것이 나라를 중흥시킨 큰 공로 중 하나라고 높이 평가하였다. 류성룡과 이순신은 닮았기에 쉽게 통했던 사이였다. 상대방의 능력을 알아보는 혜안이 있는 사람들이었다. 류성룡과 이순신은 자신의 장점은 살려주고, 단점은 조용히 고쳐주는 진정한 친구였다.

류성룡과 이순신은 어린 시절부터 친했다. 특히 먼저 과거에 급제해 화려하게 출세한 류성룡은 진흙 속에 숨은 보석이었던 이순신을 끊임없이 후원했다. 류성룡의 군사적 재능과 사람의 능력을 알아보는 혜안은 임진왜란에서 크게 발휘되었다. 그는 일본의 침략을 대비하기 위해 문신 관료였던 정5품 형조정랑 권율을 정3품 의주 목사로 발탁했고, 변방의 하급 장교였던 이순신을 전라 좌수사가 되도록 적극적으로 후원했다. 이순신은 자신을 발탁한 재상이자 병법가인 류성룡과 전쟁 중에도 수시로 다양한 의견을 주고받았다.

이순신이 남긴 『난중일기』와 『임진장초』를 보면 류성룡은 이순신에게 살아있는 유일한 멘토이며 친구였던 것을 알 수 있다. 류성룡은 스승 이황에게 「근사록」 등의 성리학을 배웠고, 스승 이황은 류성룡의 자질을 높이 평가하여 하늘이 낸 사람이라고 평가하였다. 그러한 류성룡의 사람 보는 안목과 식견이 이순신을 발탁하여 위기에 빠진 조선을 구했다. 류성룡과 이순신의 우정은 조선을 위기에서 구하고, 벗을 영웅으로 만든 역사에 남는 위대한 우정이다.

밀레와 루소

(역경에서 더 빛난 우정)

해 질 녘 농부 부부가 수확을 마치고 신께 감사의 기도를 드리는 명화 『만종』으로 널리 알려진 화가 밀레는 지금은 세계적인 화가로 인정받고 있지만, 처음부터 그의 그림이 주목받은 것은 아니다. 그의 그림을 눈여겨봤던 것은 친구 루소였다. 루소 역시 어려운 역경을 극복하면서 자신의 사상과 생각을 정립해가는 처지라서 아마도 어려움을 이겨내면서 한 걸음씩 그림을 그려가는 밀레의 그림에 애착과 관심을 깊이 두게 된 것일지도 모른다. 밀레는 난방도 되지 않는 추운 곳에서 그림을 그리고 아내와 아이들은 며칠째 굶고 있었다. 작품 한 점 제대로 팔리지 않아 가난에 허덕이던 밀레에게 어느 날 루소가 찾아왔다.

"여보게, 좋은 소식이 있네. 자네의 그림을 사려는 사람이 나타났네. 내가 화랑에 자네의 그림을 소개했더니 적극적으로 매입 의사를 밝히더군. 이것 봐, 내게 그 그림을 골라 달라고 선금까지 줬다네."

루소는 이렇게 말하며 밀레에게 300프랑을 건네주었다. 밀레는 친구 루소의 말에 기뻐하면서도 한편으로는 의아했다. 왜냐하면 그때까지 밀레는 작품을 팔아본 적이 별로 없는 무명 화가였기 때문이었다. 입에 풀칠할 길이 막막하던 밀레에게 그 돈은 생명 줄이었다. 또 자신의 그림이 인정받고 있다는 희망을 안겨 주었다. 그리하여 밀레는 생활에 안정을 찾았고 더욱더 그림에 몰두할 수 있었다.

몇 년 후 밀레의 작품은 화단의 호평을 받아 비싼 값에 팔리기 시작하였다. 경제적 여유를 찾게 된 밀레는 친구 루소의 집을 찾아갔다. 그런데 몇 년 전에 루소가 남의 부탁이라면서 사간 그 그림이 그의 거실 벽에 걸려있는 것이 아닌가? 밀레는 그제야 친구 루소의 깊은 배려심을 알고 그 고마운 마음에 눈물을 흘렸다. 가난에 찌들었지만, 친구의 자존심을 지켜주기 위해 사려 깊은 행동을 한 루소는 남의 이름을 빌려 친구 밀레의 그림을 대신 사주었다.

무명이었던 친구 밀레의 가능성을 보고 그림을 사주면서까지 진정한 우정을 보여주었던 밀레의 친구 루소에 얽힌 이야기를 하나 더 소개하고자 한다. 루소의 사람 보는 안목이 어떻게 길러졌는지를 이해하는 데 도움이 될 것 같다.

프랑스 리옹에서 성대한 파티가 열렸다. 화기애애한 파티 분위기는 몇몇 손님들이 그림 한 장을 두고 벌어지는 언쟁으로 험악해졌다. 파티 주최자는 곧 기지를 발휘해 곁에 있던 시종을 불러 그 그림에 관해서 설명해 보라고 하였다. 사람들은 한낱 시종이 무엇을 알겠냐는 의심의 눈길을 보냈다. 하지만 바로 그 미천한 시종이 그림의 주제를 설명하기 시작하자 모두 놀라움을 감추지 못하고 술렁이기 시작하였다. 그만큼 시종의 설명은 깊이 있고 세밀했으며 관점 또한 반박할 여지 없이 완벽하고 신선했다. 한 손님이 궁금증을 참지 못하고 시종에게 어디에서 이런 교육을 받았는지 물었다. 그러자 젊은 시종은 얼굴을 붉히며 대답했다. "저는 아주 많은 학교에서 배웠습니다. 하지만 그중에서 가장 오랫동안 머무르며 가장 많은 것을 배웠던 학교는 바로 역경이라는 학교였습니다."

이 시종의 이름은 장 자크 루소였다. 루소는 평생 수많은 고난과 역경을 겪었지만, 그것을 오히려 사회의 각 방면에 대해 심도 있게 연구하고 이해하는 기회로 삼았다. 그 덕분에 그는 방대한 지식을 습득했고, 이를 바탕으로 자신만의 위대한 사상을 만들어냈다. 고난과 역경은 아주 좋은 학교다. 진정한 성공의 씨앗이 바로 역경 속에서 싹트기 때문이다. 화가 밀레와 사상가 루소의 우정도 역경 속에서 싹튼 소중한 우정이었기에 그들의 우정이 더 진한 감동을 준다.

관중과 포숙

(서로의 발전에 보탬이 되는 관포지교)

관포지교(管鮑之交)란 말은 관중과 포숙의 사귐으로 영원히 변치 않는 참된 우정을 뜻한다. 『사기』의 춘추좌전 장공편에는 관포지교에 대한 다음과 같은 아름다운 이야기가 기록되어 있다. 개인적인 관계에서는 친구의 우정을 되돌아볼 수 있으며, 국가적인 관계에서는 충신의 의미를 돌아볼 수 있다.

관중과 포숙은 어릴 적부터 한마을에서 자란 둘도 없는 어깨동무이자 죽마고우였다. 그러나 두 사람의 가정형편은 너무나 달랐다. 관중은 홀어머니를 모시고 그야말로 찢어지게 가난한 삶을 살았다. 그러나 포숙의 가정형편은 좀 나은 편이었다. 두 사람은 같은 서당에 다니며 글공부했고 나이가 들어서는 같이 장사하기도 했다. 벌어들이는 돈을 나눌 때 포석은 늘 형편이 어려운 관중에게 얼마라도 더 챙겨주려고 애를 썼다.

이후 두 친구는 나란히 벼슬길에 올라 관중은 양공의 아들 규를 측근에서 보좌하게 되었고, 포숙은 규의 이복동생인 소백의 사부가 되었다. 이 벼슬길이 두 친구 사이의 운명을 가르는 고비가 되었다. 양공의 뒤를 이을 왕위를 두고 규와 소백 두 형제와 조정 대신 간에 피비린내 나는 싸움이 벌어진 것이다. 결국 동생 소백이 승자가 되어 환공으로 왕위에 올랐다. 당연히 환공이 된 소백의 어릴 적 스승 포숙에게는 출세의 길이 활짝 열렸다. 반면에 규를 따르던 관중은 역적으로 몰려 목숨이 경각에 처한 절체절명(絶體絶命)의 위기를 맞게 되었다. 제나라의 새 군주가 된 환공은 이복형 규를 죽이고, 그의 추종 세력들을 모두 처형하기 시작했으니 관중과 포숙의 입장도 심히 어렵게 되었다.

환공의 어릴 적 스승으로 절대적인 신임을 받고 있던 포숙은 이제 제나라의 재상 자리를 눈앞에 두고 있었다. 이때 포숙은 여러 대신 앞에서 환공에게 정중히 아뢰었다.

"나라만을 생각한다면 제가 재상직을 맡을 수도 있습니다. 하지만 앞으로 주상께서 중원 천하를 제패하고 다스리시려면 관중을 벌하시기보다는 그를 재상에 중용하여 주옵소서."

주위에 모여 있던 대신들이 수군대기 시작하였다. 재상 자리를 마다하고, 아무리 친하다고 하더라도 역적인 관중을 중용하라고 간청

했으니 말이다. 그러나 환공은 포숙의 진언을 받아들였으며, 노나라에 망명 중이던 관중은 포숙의 간절한 부름을 받고 제나라로 돌아와 대부되어 정사를 맡고 재상 자리까지 올라 성심성의껏 환공을 보필하여 부국강병을 이루었다. 훗날 그런 친구 포숙을 두고 관중은 이렇게 말하였다.

"일찍이 내가 가난할 때 포숙과 함께 장사했는데, 이익을 나눌 때 나는 내 몫을 더 크게 했다. 그러나 포숙은 나를 욕심쟁이라고 말하지 않았다. 내가 가난함을 알고 있었기 때문이다. 또한, 내가 사업을 하다가 실패하였으나 포숙은 나를 어리석다고 말하지 않았다. 세상 흐름에 따라 이로울 수도 있고 그렇지 않을 수도 있음을 알았기 때문이다. 내가 세 번 벼슬길에 나아갔다가 번번이 쫓겨났으나 포숙은 나를 무능하다고 말하지 않았다. 내가 시대를 만나지 못했음을 알았기 때문이다. 내가 싸움터에 나가 세 번 모두 패하고 도망쳤지만 포숙은 나를 겁쟁이라고 비웃지 않았다. 내게 늙으신 어머니가 계심을 알았기 때문이다. 나를 낳은 이는 부모님이지만 나를 알아준 이는 포숙이다."

참으로 진실하고 아름다운 우정이 아닐 수 없다. 진정한 친구란 무엇인가를 깨닫게 해주는 고사이다. 이렇게 허물없이 돈독하며 서로에게 발전이 되는 친구가 있음은 천만금을 주고도 사기 어려울 것이다.

오성과 한음

(재치와 우정으로 나라를 지킨 충신)

아마도 한국사에서 우정의 대표 명사는 오성과 한음일 것이다. 격동의 시대를 통과한 조선 중기의 명신, 백사 이항복(1556~1618)은 조선 시대에서도 특별히 친숙한 인물이다. 오성은 오성 부원군 이항복이고, 한음은 한원부원군 이덕형(1561~1613)이다. 서로 다섯 살 차이였던 두 사람은 뛰어난 인물이 많이 배출되었던 16세기의 우뚝한 존재였다. 이항복과 관련해서 널리 알려진 사실은 한음 이덕형과의 우정에서 나온 이야기일 것이다.

이항복은 전염병으로 몰살한 일가족의 염습을 이덕형에게 부탁받고 혼자 그 집에 갔는데, 갑자기 시체가 일어나 볼을 쥐어박는 바람에 혼비백산했다. 알고 보니 이덕형의 장난이었다. 오성은 우연히 도깨비를 만나 장차 정승까지 하리라는 예언을 듣는다. 그리고 한음에게 변소에서 자기는 불알을 당기는 도깨비를 만나 예언을 들었다고 하며 변소에 가서 앉아 보라고 한 뒤 불알을 노끈으로 묶어 당겼다. 한음이 아픔을 참고 견디자 정승까지 하겠다고 말한 뒤 변소에서 일어난 일을 본 것 같이 말하였다. 이에 한음은 비로소 오성에게 속은 줄 알았다는 것이다.

이러한 오성과 한음의 이야기는 두 사람이 어린 시절부터 동문수학하면서 우정을 나누었다는 데에 기초한다. 두 사람이 실제로 처음 만난 시점은 어린 시절이 아니라 1578년 과거 시험장에서였다. 당시 성균관 유생이던 오성이 스물둘, 백면서생이던 한음이 열일곱 살 때다. 한음의 시문집인 『한음문고』에는 두 사람이 이때 처음 만나 우정이 시작되었다고 기록돼있다. 한음이 오성에게 보낸 77통의 편지를 보면 형이라는 격의 없는 호칭을 썼으며 '형도 내 마음은 몰라요'라며 어리광 섞인 표현도 썼음을 알 수 있다. 두 사람은 조선 붕당정치를 뛰어넘는 공평무사의 실천가이기도 했다.

오성과 한음은 과거에 합격한 후 선조 치세의 최고 명신 반열에 오른다. 두 사람의 재목감을 알아본 사람은 율곡 이이였다. 과거급제 후 3년 만에 두 사람은 학문이 탁월한 관료에게 주어지는 사가오서에 추천되기도 하였다. 두 사람은 선조시대 국가 누란의 위기와 광해군 시대 정치적 격랑을 거치면서 생사를 같이하는 문경지교를 수립했다. 선조의 피란길을 수행하며 생사고락을 함께했고 한음이 명나라에 입국해 원병 파병을 끌어내면 오성이 접반사가 돼 그들을 접대

했다. 또 병란 시기에 가장 중요한 병조판서 직을 돌아가며 맡았고, 이후 재상 자리에 올라 병란 수습에 앞장섰다.

오성과 한음의 우정 이야기를 쓰면서 우정의 소중함을 새삼 배우게 된다. 개인의 우정을 넘어 나라를 구하는 우국충정으로까지 이어진 오성과 한음의 우정을 다시 생각해 보면서 그 해학과 기지가 넘쳤던 선조들이 지켜온 이 나라를 더 사랑해야겠다는 마음이 든다. 그리고 지금까지 살아왔던 인생 여정에서 만났던 관계를 더 소중하게 발전시켜 나가야겠다고 생각해 본다.

PART 6

여섯 번째 복:

여행(travel)

성 아우구스티누스는 "세계는 한 권의 책이다. 여행하지 않은 사람은 단지 그 책의 한 페이지만을 읽을 뿐이다."라고 했다. 여행을 통해서 자기 자신을 새롭게 발견할 수 있다. 여행은 인간을 겸손하게 만들 뿐만 아니라 세상에서 인간이 차지하는 영역이 얼마나 작은 것인가를 깨닫게 해준다.

여행이란 무엇인가?

여행이라는 travel의 어원은 고통, 고난이라는 travail에서 파생한 단어라고 한다. 그러나 여행이 고통이나 고난이 아닌 쾌락이나 오락으로 여겨지게 된 것은 교통수단이 발달한 19세기에 이르러서였다. 그래서 여행을 고통이나 고난이 아닌 설렘이라고 한다. 새로운 것을 만나고 미지의 세계에 대한 설렘은 여행이 주는 참 맛이기 때문이다. 사람을 젊게 만드는 것이 둘이 있는데 하나는 사랑이고 다른 하나는 여행이라고 한다. 젊어지기를 원하면 사랑하는 사람과 여행을 많이 하면 좋다. 여행은 정신을 젊어지게 하는 설렘이 있기 때문이라고 한다. 늘 아는 길만 다니는 것은 안전하지만 지루하고 모르는 새로운 길을 가는 것은 헤매기는 하지만 새로운 것을 많이 깨닫게 한다.

성 아우구스티누스는 "세계는 한 권의 책이다. 여행하지 않은 사람은 단지 그 책의 한 페이지만을 읽을 뿐이다. 여행을 통해서 자기 자신을 새롭게 발견할 수 있다. 여행은 인간을 겸손하게 만들 뿐만 아니라 세상에서 인간이 차지하는 영역이 얼마나 작은 것인가를 깨닫게 해 준다."라고 했다.

여행과 관광은 분명히 다르다. 그러나 해외여행과 관광의 경우에는 그 구별에 아무 의미가 없다고 여겨진다. 특히 우리나라 국민 대부분은 일단 비행기를 타고 국내를 떠남을 중요하게 여긴다. 여행은 일상과 노동의 피곤에서 벗어나 나른함이나 무료함과 노동 의지를 재충전시키는 것이다. 그런데 우리나라 여행객 중에는 여행 그 자체를 즐기는 것도 있지만 골프나 향락을 위해 여행하는 사람들이 있다. 또한 나 어디 어디 갔다 왔다는 걸 자랑하거나 실적주의가 두드러지기도 한다. 거기에다 빼놓을 수 없는 것이 쇼핑이다.

그러나 보통 사람들의 경우 여행을 많이 하느냐, 적게 하느냐, 아예 하지 않느냐의 변수는 돈, 시간, 호기심, 부지런함 등으로 결정될 것이다. 한때는 해외여행이 엄청난 벼슬처럼 여겨졌던 때가 있었다. 은연중 여행 횟수와 비행기 탑승 거리를 언급하며 재산과 신분을 과시하기도 했다. 아마도 후진국 민족성에다 좁은 땅과 높은 인구밀도 등에 의한 복합적인 요인이 작용한 결과라 여겨진다. 어찌 되었건 간에 여행은 인간의 삶에 활력과 자유를 느끼게 할 뿐 아니라 희락과 행복을 안겨 주는 것이 여행의 유익이며 목적이라 할 수 있다.

첫 번째 여행

어느 수필가는 우리의 인생길을 마치 기차여행과 같다고 했다. 많은 역(驛)이 있고 경로도 바뀌며 간혹 사고도 나게 된다. 인생 열차에 먼저 승차하신 우리 부모님들이 우리와 함께 영원히 동행해 주실 것으로 생각하지만, 어느 역에선가 홀연히 내려버리신 것이다. 세월의 흐름에 따라 많은 승객이 오르내리며 만남과 이별이란 인연을 이어가고 있다. 때로는 기쁨과 슬픔의 인연을, 어느 때는 만남과 이별의 인연을, 혹은 환상과 기대의 인연을 맺지만, 모두가 언제 어느 역에서 이별할지 알 수 없는 것이 이 인생 기차여행이다. 인생 여행은 어느 역에서 타고 어느 역에서 내리는가도 중요하지만 누구와 함께 어떤 여행인지가 더욱 중요하다.

인생 기차여행에서 육신뿐만 아니라 정신과 영적 여행도 마찬가지다. 지적상태와 종교영역에 따라 다르겠지만, 정신 여행과 영적 여행의 기쁨과 유익을 위해 독서와 글쓰기는 물론 종교 생활을 통해 천국(내세)이라는 종착역을 향해 하루하루의 여행을 즐기는 삶이 필요하다.

　필자가 인생 여행 81개 역을 지나며 생생히 기억되는 첫 번째 여행을 회고해 본다.

　여섯 번째(6살) 역을 지날 무렵, 조부 생신에 부모님과 함께 참석했던 여행이 첫 번째인듯하다. 조부께서 여수시 화양면 소재 나진교회 전도사로 목회하셨을 때이다. 당시에 조부님이 계신 곳을 가기 위해서 꼬박 하루가 걸렸다. 새벽에 집을 나서서 읍내까지는 걷고, 순천까지 버스로, 여수까지 기차로, 조부모님 계시는 목적지까지 여객선을 이용하는 여정이었다. 비행기를 제외한 당시 모든 교통수단을 이용한 셈이다. 버스와 기차를 타는 것까지는 신기하고 좋았다. 문제는 여수항에서 여객선에 승선하는 과정이었다. 선원의 도움으로 승선은 했지만 지금 생각해도 오금이 저린다. 그 당시에는 3~40㎝ 정도 넓이와 5~6m 길이의 판자로 만든 부교(浮橋)를 이용하며 승하선했던 시대였다. 부두에서 여객선 갑판까지는 5~6m 정도지만 휘청거린 데다 아래에 보이는 시퍼런 바닷물이 얼마나 무서웠던지 벌벌 떨며 울었던 것을 일평생 잊을 수 없다.

　그때 생긴 트라우마로 국내외 여행 중 만난 출렁다리, 고층빌딩, 절벽 등 높은 곳을 갈 때마다 고소공포증을 느끼게 된다. 특히 세계에서 가장 길다는 중국 장가계의 케이블카, 뉴욕 엠파이어 스테이트 빌딩, 9. 11테러로 없어진 120층의 쌍둥이 빌딩 전망대, 자유의 여신상, 나이아가라 폭포와 우리나라 63빌딩, 롯데 잠실빌딩 전망대, 그 외에도 우후죽순 격으로 건설된 출렁다리를 만날 때마다 여행 기분을 망치기도 한다.

설상가상으로 조부모님 댁에서 1948년 10월 19일 발생한 여수 순천 십일구 사건(당시는 여순반란 사건이라 함)을 만났다. 2박 3일 여행 일정이 약 보름쯤 지냈던 것으로 생각된다. 여순 10.19 사건은 여수에 주둔했던 국방경비대 14연대 내 북한지령을 받은 빨갱이들의 반란과 아군과 경찰의 진압과정에서 살상과 방화로 무고한 민간인들의 엄청난 피해를 남긴 사건이다. 우리는 통행금지를 당했기 때문에 조부모님과 부모님이 애를 태우셨다. 왜냐하면 집에 남겨진 4명의 누나 때문이었다. 그 당시에는 핸드폰은커녕 일반전화도 없던 시대로 누나들의 안부를 알 수 없었기 때문이었다. 다행히 부모님과 함께 1박 2일을 걸어서 귀가했고 누나들도 안전했다. 그 상황에서 어른들의 심려가 오죽했을까 하는 안타까움이 철이 들고서야 깨닫게 되었다. 그 후에도 부모님과 함께 외가와 외삼촌과 이모 집을 다녀오기는 했으나 여행다운 여행은 하지 못했었다.

그 당시 우리나라 경제 사정과 문화 수준이 세계 최하위권으로 여행을 간다는 것은 상상조차 할 수 없는 사치로 여겼던 시절이었다. 그렇게라도 부모님과 함께 여행할 수 있었던 좋은 추억거리로 기억할 수 있어 좋다. 그 당시 필자는 우리 엄마와 함께라면 어디든지 좋

있었다. 그래서 여행은 어디로 어떻게 가는가가 중요한 것이 아니라 누구와 함께 가느냐가 더 중요함을 깨닫게 된 최초의 여행으로 생각한다.

성지순례

(영국, 이탈리아(로마), 이집트, 이스라엘)

목회자가 된 후 성지순례를 꼭 하고 싶었다. 필자가 뉴욕 이민 목회를 접고 서울 서초구 방배동 지하에 개척교회를 어렵게 목회하던 시절에 이스라엘 성지순례의 기회가 왔다. 10박 11일의 장기 여행이었다. 지금 생각해도 기적이었다고 설명할 수밖에 없다. 믿음은 바라는 것들의 실상이요 보지 못한 것들의 증거라는 성경 말씀대로 그렇게 바라던 성지순례의 꿈이 이루어진 것이다. 서울남노회 소속 우리 일행 38명은 김포공항을 출발하여 1박 2일간 영국 런던 시내와 야간관광을 했다. 템스강의 런던 부리지를 중심으로 고풍스러운 영국 왕궁과 신학교 등 선진국 문화에 대한 깊은 인상을 받기에 충분했다. 다만 너무 짧은 체류 기간이어서 몹시 안타까움을 느껴 다음 기회를 기약했으나 지금까지 이행하지 못하고 있다.

다음은 이탈리아 로마에서 1박 2일로 바티칸 시내 관광과 성 베드로 대성당, 카타콤(지하무덤), 사도 바울의 순교지와 기념교회를 방문할 수 있었음을 잊을 수가 없다. 신앙을 지키기 위해 물고기표시로 크리스천임을 알리면서 지하무덤에서 예배를 드리며 죽음을 불사했던 초대 교인들의 신앙심에 깊은 감동과 감화를 받을 수 있었다.

또한 사도 바울의 참수 현장 기념교회 방문을 통하여 작은 사도 바울이 되겠다고 마음 깊이 결심하기도 했다. 성지순례의 기회를 주신 하나님께 감사 기도를 드렸다.

이집트 카이로 공항에 도착하여 시내 관광과 세계 10대 불가사의 중 하나인 피라미드와 그중 3,000여 년 전 이집트 왕들의 지하무덤을 관람하면서 당시 파라오의 왕권과 백성들의 노역 상태를 조금이나마 이해할 수 있어 보람을 느꼈다. 무엇보다 그렇게 가고 싶었던 모세의 활동지 시나이산(시내 산)을 등정할 수 있어 지금도 그때의 감동을 생생히 기억하고 있다. 시나이산 입구 호텔에서 1박 후 새벽녘에 낙타를 타고 정상에 오를 수 있었다. 당시 필자의 체중이 100kg이 넘는 거구여서 필자를 태운 낙타에게 미안한 마음이 들기도 했다. 다행히 날씨가 한몫해 주었다. 우리 일행은 시나이산 정상에 도착하여 예배를 드린 후, 자유시간을 통해 시나이산 정상의 바위 위에 무릎을 꿇었다. 모세가 80세의 늦깎이로 하나님의 종으로 쓰임받았던 것처럼 필자의 늦깎이 목회 여정 역시 모세의 영력을 본받게 해주시기를 눈물로 간절히 기도드렸다. 마치 모세가 파라오(바로) 왕의 궁중을 탈출하여 광야의 도망자 신세가 되었던 것처럼, 필자 역시 50세의 늦깎이로 목사가 된 동병상련(同病相憐)의 비통한 심정으로 간절히 기도드렸다.

하나님께서 그때 드린 필자의 기도를 응답하여 주셨다. 그 엄청난 연단 중에도 이 모양 저 모습으로 은혜의 손길로 인도하여 주신 것이다. 마치 모세가 이드로의 딸 십보라를 아내로 맞아 40년의 양치기로 연단 받으며 이스라엘 민족의 출애굽 인도자가 되었듯이 필자 역시 아내의 헌신적 삶을 통해 자녀들의 학업을 마칠 수 있게 인도해 주셨고 목회자로서 성도들을 사랑할 수 있는 마음으로 사명을 감당할 수 있는 은혜를 베풀어 주시었다. 내 평생 잊지 못할 시나이산 정상에서 흘린 눈물의 기도에 은혜 베푸신 하나님께 무한 감사를 드린다.

이스라엘에 도착하여 갈릴리 호수를 중심으로 오병이어교회, 가나 혼인 잔치교회, 겟세마네 동산, 세례요한의 족적들과 사해의 체험 그리고 최종적으로 예루살렘 통곡의 벽, 회칠한 무덤(공동묘지), 예수님의 십자가의 길(도롤로사)을 지나며 많은 감동과 감화를 받았다. 특히 사해 인근 해발 450m의 마사다(Masada) 요새를 방문할 때를 역력히 기억하고 있다. 기원전 63년경부터 로마의 지배를 받아 오던 유대민족이 서기 66~70년 동안 독립전쟁을 일으키다가 예루살렘 성이 점령되어 성전은 완전히 파괴당하고 유대인 110만 명이 살육당했다. 마지막까지 남아 항전하던 유다의 지도자 열심당원(Zealots) 엘르아살

벤 야일이 960명의 동지와 그 가족들과 함께, 제비 뽑힌 10명의 병사에 의해 명예롭게 산화했던 마사다 요새! 지금도 이스라엘 신병훈련을 마친 군인들이 반드시 집결하여 Masada never again! 을 외치며 결의를 다진다고 하는 가이드의 설명에 과연 애국애족의 정신이 무엇인가를 깊이 깨닫는 계기가 되었다.

성경에 기록된 곳을 직접 보고 느낄 수 있었던 성지순례가 지금까지 다녀온 그 어떤 여행지보다 보람되고 기억에 남는다. 기회가 되면 한 번 더 가고 싶다. 또한 현지 광야(사막)에서 만난 베두인족들의 생활상과 스위스 운하와 사해의 수영과 머드(진흙) 마시지는 이채로운 경험이었다. 다만 여행 기간이 길고 기후와 음식 때문에 체력 저하로 약간 힘들었던 것과 5달러의 카메라 필름을 사기 위해 지급한 10달러를 거스름을 주지 않기 위해 도망치던 종업원 때문에 옥에 티처럼 씁쓸한 기분을 받았다.

그 후로 해외여행을 몇 개국 더 할 수 있었다. 미국 2회, 중국 8회, 일본 3회, 필리핀, 태국, 라오스, 대만, 괌, 등이다. 할 수만 있으면 유럽과 아프리카, 남미, 호주, 뉴질랜드도 여행하고 싶다. 여행은 젊었을 때 해야 한다는 말이 옳은 듯하다. 젊어서는 목회 사역과 경비 문제에 발목을 잡혔고 지금은 나이에 장사 없다는 말을 실감한다. 그래도 혹시 올 기회를 위해 체력을 증진하며 코로나19 종식을 기원하고 있다. 더 늙기 전에 크루즈 여행을 하고 싶다. 크루즈 여행은 많이 걷지 않는 데다 여러 나라를 관광할 수 있는 장점이 있어 해볼 만하겠다 싶다. 하루속히 코로나19 pandemic에서 endemic 시대가 되기를 기도하고 있다.

미국과 일본 여행

    뉴욕 플러싱에 있는 한인교회에 담임목사로 초빙되어 하나님의 뜻이라 믿고 이민 가방 2개를 들고 케네디 공항에 도착했다. 집사님의 픽업을 받아 여장을 풀었다. 얼마 후 집사님 내외의 권유로 뉴욕 시내 관광을 갈 수 있었다.

    관광회사 버스를 이용하여 뉴욕 시내를 관광 중 점심 식사를 마치고 우연히 시내 5번가의 교보 문교에서 필자와 호남신학대학교 동기인 임양택 목사를 만났다. 임 목사는 외모뿐만 아니라 인격과 신앙 그리고 학업성적도 전교 1등을 했던 친구이다. 그런 친구를 세계 최대 도시 뉴욕 한복판에서 만나게 될 줄은 꿈에도 상상치 못했던 우연이었다. 그 친구는 호신 졸업 후 뉴욕신학대학원에 유학하였고 목사안수 후 개척교회를 목회하고 있었다. 부부가 상담학 박사로 교회와 상담소를 운영하며 존경받는 목회 사역과 부부 상담사로 성공한 삶을 살고 있다. 이런 훌륭한 분이 동기 목사님임을 자랑스럽게 생각한다.

필자가 갑작스럽게 미국 이민 목회가 결정되어 도미했지만, 낯선 미국 생활에 적응하지 못하던 차에 그 친구의 조력을 많이 받을 수 있었다. 그 친구의 배려로 2박 3일 코스의 나이아가라 폭포 등 뉴욕 동부지역을 관광하면서 홀리데이 인 호텔에서 1박 중 유머 있는 가이드 제안으로 그 유명했던 여배우 마린 먼로가 숙박했었다는 객실을 제비뽑기로 배정받아 일행들의 환호와 박수를 받기도 했다. 여행을 통해 미국의 단면들을 체험할 수 있어 인상적이었다.

　그 후, 귀국하여 서울에서 목회할 때 재미 한인교회 창립 100주년 기념 성회로 LA지역 성회 설교자로 참여하여 L.A 지역교회와 그랜드 캐니언, 할리우드 영화사, 디즈니랜드, 라스베이거스(Las Vegas) 등 유명 관광지를 돌아볼 수 있었다. 미국에서 대륙횡단 자동차여행을 못 한 것이 늘 아쉽다. 그때는 목회 현역 시절이라 시간과 경비 문제 등 열악한 여건 때문에 가지 못했고 지금은 신체 여건상 바쳐 주지 못해 아쉽기 한량없으나 더 좋은 천국을 하루하루 가고 있음을 감사하며 위로받고 있다. 여생의 천국 여행길이 행복했으면 하는 바람이다.

　일본 여행은 3회를 다녀왔다. 첫 번째는 필자가 소속한 노회 임원들과 시모노세키를 거쳐 나라 교도 지역 친목 여행이었다. 일본 여행은 인접국으로 지리적으로 가깝기도 하지만 역사적으로도 좋지 않은 감정에다 평소에 듣던 언어와 시차에도 별 차이가 없어 외국 여행의 느낌과 맛이 별로였다. 그 외에도 문화나 외모까지 비슷하여 외국 여행의 설렘이 반감되는 듯했다. 그러나 눈여겨 배울 점이 있다. 질서 있는 거리와 깨끗한 뒷골목, 배려의 태도와 친절한 예절은 배울 점이 많은 것도 사실이었다. 음식문화도 아껴 쓰고 버리지 않는 음식문화는 본받을 점이다. 화산지역과 온천지역을 경험하며 조금씩 좋아졌다.

두 번째는 장신 대학교 사회복지 대학원 마지막 학기 중 4박 5일의 수학여행으로 일본 오사카를 중심으로 사회복지시설을 탐방하기 위함이었다. 대학원장 김기원 교수님을 비롯하여 윤대영, 박창하, 우면하, 인광훈, 박태식, 백도웅 목사 등, 동기들과 3년간 6학기를 함께 공부할 수 있었음은 귀한 시간으로 추억된다. 특히 윤대영 목사의 물질적 배려가 큰 도움이 되었다.

세 번째는 둘째 딸과 사위의 효도 관광으로 벳푸 온천관광이었다.

4박 5일 여행 일정 중, 중식(中食)을 제외한 조식(早食)과 석식(夕食)은 최고의 호텔식으로 여종업원의 극진한 시중으로 대접받을 수 있었던 여행이었다. 난생처음 호텔 객실에서 식사 접대받는 동안, 마치 천황폐하가 된 듯했다. 그렇게 받은 호텔식 식사로 3kg의 체중이 늘어 위대(胃大)한 인물이 되어 귀국했다.

여행은 두 종류의 여행이 있다. 이곳저곳을 옮겨 다니며 관광(구경)을 목적한 동적 여행이 있는가 하면 다른 한 가지는 한 호텔에서

만 투숙하면서 온천을 즐기며 먹고 산책하며 쉬는 정적 여행이 그것이다. 필자는 후자가 훨씬 좋았다. 다만 귀국 후 3kg의 체중감량 문제가 있긴 했으나 그래도 효도 받은 기쁨이 크고 좋아 그런 기회가 더 있었으면 좋겠다고 생각해 본다. 여행은 누구와 함께하느냐가 중요하다는 사실을 체험했던 잊지 못할 효도 여행이었다.

중국과 대만 여행

필자는 중국 여행을 8회를 다녀왔다. 소속 노회와 시찰회 그리고 은퇴목사회와 부흥 사역연구회 등 주로 목회자들과 동행한 여행이었다. 북경, 남경, 계림, 장가계, 원가계, 텐징, 상하이, 항주, 소주, 서안 등 유명 관광지를 다녀올 수 있었다. 여러 차례 관광하다 보니 중복된 지역도 있었지만, 전에 미쳐보지 못한 것들을 챙겨볼 수 있어 나름대로 좋다는 느낌을 받았다.

나는 중국을 여행할 적마다 국토의 면적뿐만 아니라 건축물의 양식과 규모 그리고 15억 명의 인구를 보면서 대국임을 실감하게 된다. 반면에 중국인들의 의식과 교육 수준 그리고 생활의 이면을 보면서 아직은 선진국 수준은 아님을 실감하게 된다.

인구가 15억 명이라지만 사실 확실치는 않다고 한다. 왜냐하면 1가구 1자녀만 입적시켜야 하는 산아제한정책의 폐해로 호적에 입적되지 못한 인구의 숫자를 헤아리기 어렵다는 것이다. 현재 중국도 인구절벽요인이 나타나고 있다고 한다. 우리나라도 6~70년대 산아제한 정책과 80년대 이후 가임 부부의 경제적 불안과 현실적 이기심으로 인구감소라는 국가적 큰 부담을 안고 있는 것이 사실이다.

중국 여행의 하이라이트는 뭐니 뭐니 해도 "하룻밤을 새워도 만리장성을 쌓는다."라는 속담이 된 만리장성(萬里長城)이라 할 수 있을 것이다. 중국 여행을 8회나 하다 보니 그곳을 3번이나 갈 수 있었다. 인공위성에서조차 선명히 보인다는 그 엄청난 대공사는 어떻게 이뤘을까? 만리장성은 중국 북방의 흉노족(오랑캐) 등 유목민족의 침략을 막기 위해 중국의 고대 진나라 시황제 때 기존의 성곽을 잇고 부족한 부분은 새롭게 축조하여 만든 거대한 성곽이라고 기술되어 있다. 그러나 진나라는 북방 유목민이었던 오랑캐에 의해 멸망한 것이 아니라 진시황제가 민정 시찰 중 급사함에 따라 환관의 기치로 황제의 막내아들을 황제로 등극시켰으나 주색잡기에 빠진 결과 내란에 의해 멸망했다고 한다. 국가뿐만 아니라 개인의 삶도 마찬가지이다. 보통 사람들이 가질 수 없는 만리장성 같은 돈과 권력이 국가와 개인의 태평성대와 건강과 행복을 지켜주지 못함을 진나라의 역사를 보며 명심해야 한다. 우리나라도, 어느 정권, 어떤 사업가, 심지어 대형 교회까지도 예외일 수 없다. 만리장성을 여행할 때마다 느껴보는 교훈이 되기도 했다. 그리고 베이징의 천안문과 서태후의 여름 궁전(이화원)을 보면서 국가위정자들의 통치력과 behind story를 듣는 재미도 빼놓을 수 없는 흥밋거리였다. 그런 면에서 어쨌건 간에 대단한 국가라고 여겨진다.

상하이에는 우리 대한민국 임시정부 청사가 보존되고는 있다. 그러나 초라한 청사와 진열된 유품들을 보면서 약소 민족의 비애와 더불어 선열들의 애국애족 정신과 사상에 깊은 감명을 받기도 했다. 또한 계림과 장가계의 자연 풍경의 위용들을 잊을 수 없다. 장가계, 원가계 지역의 지리적 형태와 세계 제1의 cable car와 elevator는 기억에 남는 현대화된 일면을 볼 수 있다. 고대도시로 알려진 서안 여행을 잊을 수 없음은 존경하는 윤복열, 남기탁 목사님 내외분과 우리 부부와 단출한 여행이어서 좋았고, 중국의 명산 황산 여행은 윤대영 목사와 20여 명의 노회 교육부가 주최한 여행 중 비를 맞고 황산 정상의 호텔에서의 숙박도 뺄 수 없는 중국 여행의 기억이다. 그 외 남경, 북경, 계림, 서안, 장가계, 상하이 등 호텔의 조식과 야간관광 후 뒷골목에서 먹었던 양고기구이도 빼놓을 수 없는 중국 여행의 맛이다.

대만 여행은 3박 4일의 여행이었다. 평소에 대만에 대한 기대치가 높아서인지 막상 여행을 통해 특별히 기억될 만한 추억거리가 없어 씁쓸하기까지 하다. 풍화작용에 의한 주상절리와 형형색색의 자연 석조물은 특이하다는 생각이 들었을 뿐이다. 타이베이의 Land Mark Building(상징건물)이라는 101빌딩을 우리나라 현대건설이 공사를 맡았다는 것에 자부심을 가질 만했다. 마사지를 받은 것 외에 별 생각나는 것이 없어 아쉽기도 하다.

선교 여행

(라오스, 태국, 괌, 필리핀)

라오스를 생각하면 좋지 않은 기억이 되살아난다. 부노회장 시절 노회장, 시찰장과 함께 태국과 라오스에 선교지 물색차 다녀온 공적 선교여행이었다. 엄밀히 말하면 여행이라기보다 공무출장이라는 말이 맞을 것 같다. 일행과 함께 라오스의 수도 비엔티안 공항에 도착하여 화물을 찾기 위해 수화물 대를 갔을 때 저만치 보이는 필자의 가방이 지퍼가 열린 채 수화물 대에서 돌고 있었다. 짐을 확인해 보니 카메라와 휴대폰이 없어졌다. 문제는 라오스 공항 수준에 경악할 수밖에 없었다. 공항 직원도 청원경찰도 모르쇠로 일관하였다. 결국 소지품을 도둑맞은 채 언짢은 여행이 되고 말았다. 씁쓸했지만 어차피 그곳 선교지를 돕기 위한 목적이었으니 나보다 못한 사람에게 주었다고 생각하며 자위했다.

라오스에서 태국 치앙마이까지 육로로 자동차를 이용하여 도착했다. 치앙마이에서 4시간을 달려 메솟에 위치한 신학교와 카렌 부족의 교회와 학교 건축지를 거쳐 현지교회를 방문하고 교회의 현안과 형편들을 청취하며 선교에 대한 필요성과 지원방안을 숙의할 수 있었다. 현지에 파송된 허춘중 선교사의 수고와 업적에 크게 감동했던 선교여행이었다.

괌 선교여행은 서울 트레스 디아스 영적 지도자로 봉사하던 중 괌 트레스 디아스 윅켄드(week end)를 봉사하기 위한 선교여행이었다. 3박 4일의 weekend를 마치고 괌 지역을 관광했다. 당시 겨울철이어서 서울에서 외투를 입고 출발했는데 괌에서는 바다 해수욕을 즐길 수 있었다. 지구의 크기와 계절의 차이를 느껴 볼 수 있어 퍽 이채로움을 체험한 여행이었다. 반면 대한항공 사고지역을 지날 때는 가슴 아픈 감정을 느끼기도 했다. 다음에는 사이판을 관광하고 싶었으나 지금까지 희망 사항으로만 남아 있다.

필리핀 여행은 소속 노회 교육부 주관으로 4박 5일의 선교지 견학을 위한 선교여행이었다. 현지 부족들의 생활과 교회 형편, 그리고 신학교를 방문했다. 필리핀은 필자가 고등학교 재학 시절까지만 해도 우리나라보다 정치나 경제면에서 앞선 나라로 배웠었다. 그러나 현지를 방문하고 국가 지도자의 중요성을 깨닫게 되는 동기부여가 되었다. 첫째 주민들의 생활 형편을 보면서 필자의 어린 시절보다 더 낮은 수준의 생활에 가슴 짠한 아픔을 느꼈다. 둘째로 교회의 환경이 예배당이라고 할 수 없는 너무 낡고 허름한 환경 때문에 경악할 지경이었다. 당시 모였던 성인들과 어린이들의 몰골은 말이 아니었다. 셋째 현지 신학교는 우리 교단에서 지원한 현대식 건물로 외모는 잘 갖추어 진듯했다. 몇십 명의 신학생들이 교육 중이라 했지만, 여름방학 중이라 대면할 수는 없었다. 아무튼 국가나 교회 상황이 우리나라보다 적어도 1세대쯤 낙후된 모습이었다.

동시대를 살았던 한국 박정희 대통령과 필리핀 마르코스 대통령의 지도력과 자질 부족이 얼마나 엄청난 결과를 초래하는가를 깨닫게 된 유익한 여행이었다.

천국 여행

우리 인간은 모두가 지구라는 여행지에 관광하러 온 여행객이라 할 수 있다. 여행이 즐거워지려면 3가지 조건이 맞아야 한다고 한다. 첫째, 짐이 가벼워야 하고 둘째, 동행자가 좋아야 하며 셋째, 돌아갈 집이 있어야 한다는 것이다. 나는 81년째 천국 여행 중이며 최종 목적지는 조부모님과 부모님, 그리고 먼저 간 동기간들과 일가친척들이 계시는 내 본향 천국은 정해졌고, 동행자이신 예수님이 함께 하심으로, 즐거운 여행의 첫 번째와 두 번째 여행 과제는 완성되었다. 문제는 첫 번째 조건인 짐이 문제이다. 여태까지 버리지 못한 짐이 아직도 많다. 소유욕, 욕망, 욕심, 교만, 아집, 불평, 불만 등 버려야 할 것을 버리지 못해 아직도 끙끙거리며 여행 중이다.

필자는 "인생이란 이 땅에 여행하러 왔다가 영원히 거주할 본향 (내세)으로 귀향하는 것"이라고 말하고 싶다. 인생은 결국 귀향할 집이 천국이냐? 지옥이냐? 에 따라 최종 행불행이 결정된다. 인생살이는 결국 선택적 여행객에 불과하다는 뜻이다. 하나님은 지옥 여행밖에 할 수 없는 인간을 천국 여행자가 되도록 우주여행사를 경영하신 전지전능하시고 무소 부재하신 초월자시다. 구원자 예수 그리스도를 천국 가이드가 되게 하시고 성령 하나님의 인도하심에 따라 동행하도록 하신다. 다시 말하면 구원자이신 예수 그리스도와 함께 가는 여행길이냐? 아니면 여행사 안내자 없이 홀로 가는 여행이냐가 인생 여정이 끝난 후의 희비로 판가름 된다. 그래서 오늘도 구원자 예수 그리스도와 함께 그곳을 향해 환희와 감격으로 여행 중이다. 그곳은 눈물과 한숨, 시기와 질투, 가진 자와 못 가진 자, 질병과 고통, 실패와 좌절, 전쟁과 코로나19조차 존재하지 않는 곳이다. 그곳은 오직 빛과 사랑, 기쁨과 찬송, 행복과 감사만 존재하는 곳이기도 하다.

그러나 지옥 여행은 천국 여행과는 극과 극처럼 대조적이다. 그곳은 꺼지지 않은 유황불 속에 죽지도 않고 고통만 있는 아비규환(阿鼻叫喚)만 존재하는 곳이다. 지옥 여행은 가고 싶지 않다고 하여 안 갈 수 있는 그런 자유 여행지가 아니다. 문제는 살아서 인생 여행할 때 예수 그리스도를 믿고 그분과 함께 여행하지 않으면 누구든지 지옥 여행을 할 수밖에 없다. 이것은 하나님이 인간 구원을 위해 상벌로 주어지는 여행 법칙이기 때문이다. 불행 중 다행으로 지옥 도착 전까지 예수만 믿으면 언제든지 천국 여행이 가능함을 성경을 통해 제시해 주신 것이다.

존 번연은 그의 저서 『천로역정(天路歷程, The Pilgrim's Progress)』에서 천성을 향한 여행객 기독도(基督徒)의 모습을 세심하게 잘 기록하고 있다. 천국 여행하는 기독도 역시 마귀와 사탄의 유혹으로 몇 번이고 굴러떨어지기도 하고 세속적 구습과 죄악에 빠져 몇 번씩 중도 포기를 경험하기도 한다. 그래도 성령의 인도로 결국 천성에 도달하는 모습에서 모든 기독교인과 흡사하다. 필자 역시 실패와 좌절의 늪을 지나며 타락하여 넘어지고 굴러떨어지면서도 또 일어나 회개하며 힘을 다해 천국을 여행하고 있다. 천로역정으로 번역된 이 책이 성경 다음으로 많이 출판된 책이므로 신 불신자를 불문하고 꼭 일독을 권한다.

　　필자는 어린 시절 가난하여 배고픈 서러움을 맛보기도 했고 아버지의 사업 실패로 중학교를 중단하기도 했으며, 필자의 사업 부도를 통해 온갖 수모와 고통을 받기도 했다. 그뿐만 아니라 맹장 수술, 기흉(공기가슴증), 고혈압, 당뇨, 급성심근경색으로 죽음의 계곡을 여러 번 지나기도 했다. 경찰 생활과 사업을 하면서 돈 좀 벌었다고 교만하기도 했고, 사업 부도라는 고난의 늪을 지나면서 삶의 여정이 너무 어려워 극단적 선택 기로를 생각했을 때도 있었다. 그러나 다행히 우주여행사 사장되신 하나님 아버지와 가이드 되신 우리 주 예수 그리스도의 은혜와 보혜사 성령 하나님의 인도하심으로 오늘 여기까지 천국 여행을 계속하고 있다.

때로는 부끄럽고 수치스러운 낮은 자존감을 맛보이시며 더 이상 교만하지 못하도록 바보처럼 살게 하시고, 만학의 고통을 경험케 하심으로 늦깎이로라도 목사가 되는 은총을 덧입게 하셨고, 기존 교회와 개척교회를 목회할 기회도 허락하시고, 국내외 크고 작은 교회와 기도원에서 부흥회와 수련회를 인도하게도 하셨다. 또한 트레스 디아스 영적 지도자로 세워 천국 여행을 함께하는 모든 페스카돌(참가자)에게 진정한 영적 삶이 무엇인가에 대한 복음을 전할 수 있는 은혜와 은사를 베풀어 주시기도 하셨다. 그 능력의 주님께서 잘못된 여정마다 바르게 여행할 수 있도록 오늘 여기까지 안내해 주고 계신다. 지금은 비록 은퇴자로 여행지가 가까워지면서 현역 시절만큼의 영성은 아닐지라도 오늘도 사랑, 나눔, 겸손, 믿음, 감사, 예배를 통해 천국 여정을 계속 할 수 있도록 인도하신 성 삼위 하나님께 영광과 존귀를 올려 드린다. 특별히 자손들의 과분한 효도와 이만큼 건강하여 출입할 수 있고 글을 쓸 수 있는 열정을 주시니 이 얼마나 축복받은 인생 말년의 천국 여행인가 싶다.

　필자는 그곳에 이르면 맨 먼저 울 엄마를 만날 것이다. 울 엄마는 남아 우월사상이 심했던 시대에 누나들 넷을 낳고 필자를 낳아 천하를 얻은 듯 기쁘셨다고 했다. 어디를 가시던지 필자와 함께하는 것을 기뻐하셨고 아들이라고 자랑하셨다. 내게 한없는 사랑을 아낌없이 주셨던 울 엄마를 보듬어 안고 기쁨의 눈물로 재회할 것이다. 울 엄마를 가장 먼저 보고 싶다. 아버지께는 철없던 자식을 올곧게 키우기 위해 엄하게 대함을 무서운 아버지로만 여겨 미워했던 잘못을 공손히 용서를 빌 것이다. 그리고 필자를 늘 엎어주시고 귀여워하시며 좋은 것을 손자에게 주셨던 할아버지 할머니께는 큰절 올리고 감사의 보답으로 밝게 활짝 웃어 드릴 것이다. 또한 먼저 간 누나들과 매형들과 내 누이동생과도 생전에 못다 한 이야깃주머니를 풀고 밤새도록 얘기할 것이다. 그리고 작은아버지(숙부) 박민규 장로님과 나라 위해 목숨 바친 동작동 국립묘지에 안치되신 막내 삼촌 박동일 일병님도 꼭 뵐 것이다.

"저 뵈는 본향 집 날마다 가까워 내 갈 길 멀지 않으니 전보다 가깝다. 더 가깝고 더 가깝다 하룻길 되는 내 본향 가까운 곳일세. 내 주의 집에는 거할 곳 많도다. 그 보좌 있는 곳으로 가까이 갑니다. 내 생명 끝 날에 십자가 벗고서 나 면류관 쓸 때가 가깝게 되었네. 내 삶의 끝 날을 분명히 모르니 내주여 길 다 가도록 늘 함께하소서."

여행 에피소드(1) '30분의 행복'

강원도 간성 소재 병기 중대로 전출되어 근무 중 육군 간부후보생 모집공고를 접하고 시험응시서류구비 차 입대 후 7일간의 첫 출장 휴가를 받아 고향으로 갈 수 있었다.

출장비(여비) 1,000원(당시 이등병 월급 150원)을 받아 버스를 이용하여 홍천을 경유 용산역에 도착했다. 송정리행 야간 군용열차에 입석으로 승차하여 밤새껏 서서 새벽 4시에 송정리역에 도착했다. 필자는 순천행 기차를 타기 위해 오전 7시 30분까지 역대합실에서 기다려야만 했다. 다른 장병들은 여관이나 여인숙에서 휴식을 취하기 위해 떠났으나 민간열차표 후불권 인장(도장) 대금 20원 납부를 끝으로 돈 한 푼 없이 대합실 의자에서 시간을 보낼 수밖에 없었다. 당시 송정역은 화순탄광 무연탄이 산더미처럼 쌓였던 곳이다. 빽빽한 군용열차의 입석으로 밤새우기를 했으니 의자에 앉자마자 꼬꾸라져 잠든 사이 연탄 가루가 얼굴에 날린 데다 손으로 땀을 닦았으니 그 몰골을 차마 설명할 수 없어 상상에 맡기기로 한다.

역무원의 도움으로 간신히 열차에 승차하여 광주역에 도착하자 차창을 열고 있던 필자에게 어린애를 대동한 여대생이 트렁크를 받아 달라고 요청했다. 사실 너무 피곤했지만, 숙녀의 요청을 거절할 수 없어 받아 주었다. 이내 고맙다는 인사와 함께 앞좌석에 앉자마자 필자의 얼굴을 보며 손으로 얼굴을 가리며 웃음을 짓는 것이 아닌가? 나는 속으로 씩씩한 미남 군인 아저씨를 보고 한눈에 반하여 웃는 줄로 착각하여 나름대로 옷매를 가다듬고 창밖을 보며 휘파람까지 불면서 약 30분간 행복한 시간을 보낼 수 있었다. 그녀는 더 이상 봐줄 수 없었든지 핸드백의 거울을 꺼내 주었다. 나는 그 거울을 보는 순간 세상에 태어나 가장 부끄럽고 창피한 순간을 맞았다. 거울에 비친 내 얼굴은 내가 아닌 완전 다른 몰골이었다. 홍당무가 된 나에게 손수건을 건네주었고 나는 약간 수습하고 정중하게 고마움을 표하며 상황을 설명했다.

그 여학생은 순천여고 출신으로 전남대학교 국문학과에 재학 중인 것과 여름방학을 맞아 조카와 함께 자기 집에 가는 중이라고 하면서 빵과 우유를 사주어 약간 창피하기도 했으나 어제저녁 용산역을 출발 후 아침 식사를 거른 상태였기에 고맙게 아침 식사를 해결할 수 있었다.

지금도 그 여대생이 나를 보며 웃어 주던 때를 '30분의 행복'이라는 제하의 글을 쓰며 피식 웃어 본다. 그래도 그날을 계기로 가방 하나 받아 준 작은 배려가 큰 호의로 돌아오게 됨을 군대 생활의 첫 출장 여행을 통해 얻은 귀한 교훈이 되었다.

여행 에피소드(2) '아이고, 형사라는 것들이 원!'

4명의 형사 친구들과 남해대교로 단합을 위한 1일 나들이를 떠나기로 약속했다. 남해대교는 경남 남해군 설천면 노량리와 하동군 금남면을 잇는 한국 최초의 현수교로 1968년 5월에 착공하여 1973년 6월 22일 준공된, 우리나라 세 번째 큰 섬 남해가 육지화되는 당시에 큰 구경거리였다.

그 당시만 해도 경찰의 위상과 권위가 그런대로 유지되던 시절이었다. 휴대폰이란 용어조차 없었고 겨우 삐삐라는 전화번호 알림 기기와 공중전화가 고작이던 시절이었다. 백색전화가 있는 집은 제한적이었고 청색전화라는 일반전화조차 많지 않던 호랑이 담배 피우던 시절이었지만 다행히 백색전화를 소유하며 지냈었다. 어쨌거나 전화로 친구들과 각 파트너와 함께 1일 여행을 떠날 것을 약속했었다.

낮말은 새가 듣고 밤말은 쥐가 듣는다는 속담이 있다. 그 당시에는 전신전화국 교환을 거쳐 전화를 연결했던 시절이었다. 때마침 친구 아내가 전신전화국 교환수로 근무하면서 우리들의 전화 내력을 도청하게 되었고 똑순이란 별명을 가진 필자의 아내에게 전달되었다. 당일 아침 우리는 그런 상황을 전혀 눈치채지 못한 채 각자 파트너를 대동하고 승선했다. 아내와 친구 부인들이 우리 일행이 탔던 여객선에 먼저 잠입하여 감시하고 있었음을 전혀 눈치채지 못했다. 우리 일행은 목적지에 도착하여 점심을 먹던 중 부인들의 급습으로 나들이는 엉망이 되었다. 5명이나 되는 형사라는 것들이 그렇게 눈치도 없고 어리석었으니 원! 그때를 생각하면 지금도 웃음이 절로 난다.

여행은 어디로 가느냐보다 누구와 함께 가느냐가 중요하다. 동행자가 누군가에 따라 행불행이 결정되기 때문이다. 부모를 잘 만나면 금수저 출신이 되고 아내를 잘 만나면 로또복권 당첨자가 된다는 말은 인생길에 큰 교훈임을 기억할 필요가 있다. 덧붙인다면 좋은 친구를 만나면 인생이 즐겁고 좋은 상사를 만나면 일상 업무가 즐겁듯이 좋은 아내와 동행하는 한평생의 여행이 최고 최선의 인생 행복 여행임을 기억하자.

여행 에피소드(3) '착각은 자유'

뉴욕 생활을 접고 귀국하여 서울에 살던 가족들과 함께 생활하고 있을 때였다.

하루는 목회 사역지를 물색하던 중 선배 목사님과 종로5가 소재 총회 100주년 기념관에서 만나기로 약속하고 정장을 차려입고 전철역으로 향하고 있었다. 스치는 사람들마다 필자를 힐끗힐끗 쳐다보며 이상야릇한 미소를 지어 보였다. 나는 생각하기를 잘 빠진 체형에 정장을 차려입은 멋진 모습을 보고 그러겠지 하고 생각했다. 전철에서도 똑같은 반응이었다. 좌석이 없어 손잡이를 잡고 섰는데 좌석에 앉아 있는 분들 역시 힐끗 쳐다보며 이상한 표정을 짓는데도 낌새를 알아차리지 못했다. 동대문역에서 내리던 남자분이 "선생님 열렸어요, 열려…" 하며 내렸다. 그제야 바지를 확인하니 지퍼를 올리지 않아 하얀 와이셔츠 자락이 약간 돌출되어 있었다. 나는 종로5가역에 하차하기까지 약 2분간 얼굴이 홍당무가 된 채로 창피를 당해야 했다. 착각은 자유였다. 자나 깨나 불조심, 앉으나 서나 몸조심이란 표어가 필자에게 해당하는 말임을 그때야 깨닫게 되었다. 하긴 그때까지만 해도 지금처럼 위대(胃大)한 배(복부) 사장은 아니었기에 그만하기 다행이라고 생각하며 위로받을 수 있었다.

PART 7

일곱 번째 복:

신앙(faith)

암브로시우스는 "눈물로 기도하는 어머니를 둔 자식은 절대 망하지 않는다."라고 했다. 기도하는 개인과 가정은 망하지 않는다는 교훈을 동서양 역사를 통해 볼 수 있다. 역사의 위대한 업적을 남긴 인물 대부분은 기도하는 사람들임을 알 수 있다.

신앙이란 무엇인가?

신앙이 무엇인가를 알기 위하여 먼저 종교에 대한 지식과 이해가 필요하다. 한국민족문화대백과에서는 "초인간적 세계와 관련된 신념이나 의례 등으로 구성된 문화현상이다."라고 정의하고 있고 두산백과에는 종교란 "무한. 절대의 초인간적인 신을 숭배하고 신성하게 여겨 선악을 훈계하므로 행복을 얻고자 하는 일을 말한다."라고 기록되어 있다. 칸트 사전에는 칸트는 "참된 종교는 도덕적 마음가짐에 기초한 도덕적 종교이며, 신을 순수 실천이성의 이성 신앙에 의해서 믿는 이성 종교이다. 그리고 종교는 행복에 대한 희망에서 생겨난다."라고 보았다.

이상의 종교가 무엇인가 하는 명제에 의해 그것을 믿는 행위 즉 신앙(믿음)에 대해 정의하는 사전을 소개한다.

가. 교회용어사전에서는 "신앙은 사전적으로 믿음의 대상을 굳게 믿고 가르침을

지키며 이를 따르는 일을 말한다. 즉 하나님을 믿고 그 가르침과 말씀을 지키며 순종하는 것을 신앙이라 한다. 신앙은 사람의 의지와 노력으로 가능한 것이 아니라 하나님께서 주시는 힘과 능력을 덧입을 때 가능하다. 따라서 신앙은 나 스스로 가지는 것이 아니라 위로부터 하나님이 주시는 은혜로 생기는 것이다. 즉 사람이 주체가 되는 것이 아니라 하나님이 주체가 되는 것이다."라고 기술하고 있다.

나. 헤겔 사전에서는 신앙이란 "신의 인식이다."라고 말하고

다. 학생 백과에서는 신앙이란, "절대 타자(他者)나 절대 자기(自己)에 대한 신뢰의 합일적(合一的) 태도이다."라고 설명하면서 기독교에서는 "하나님의 계시에 대한 인간의 응답 내지는 하나님의 섭리(攝理)에 대한 인간의 순종과 신뢰라는 인격적 관계를 의미한다."라고 기록하고 있다.

라. 종교학대사전에서는 신앙은 "종교의 기초개념이며 기본태도이다."라고 설명하고 있으며

마. 성경은 신앙(믿음)은 바라는 것들의 실상이요 보지 못한 것들의 증거라고 기록되어 있다.

이상의 '신앙이란 무엇인가'라는 명제에는 피조물인 인간이 창조자를 의지하여 찾는 행위라고 종합할 수 있다. 하루 천기도 볼 수 없고, 심지어 자기 자신의 1분 후도 알지 못한 무지하며 무능한 인간이 무한자요 절대자이신 신(하나님)을 의지하는 행위를 신앙이라 한다.

신앙의 가계

    필자의 친조부(親祖父)와 외조부(外祖父)께서 교회 장로님이셨다. 조부님은 우리(손자와 손녀)를 새벽기도회만은 절대 빠지지 않도록 엄히 다스리셨다. 필자의 기억으로 초등학교 3학년 때까지 조부모님과 부모님 그리고 우리 동기간들까지 3대가 함께 살았었다. 우리는 어린 시절 내내 새벽기도회를 참석해야 했고 성경을 윤독(돌려가며 읽는 법)해야만 했다. 글자가 틀리거나 혹 졸다가 들키면 하나님께 예배드리는 시간에 정성을 다하지 못한다고 엄하게 꾸중을 듣기도 했다. 그럴 때면 할아버지가 미워서 돌아가시기만 하면 절대 예수 안 믿겠다는 철없는 생각을 했었다. 조부님은 완고하시며 보수적 신앙생활을 하신 분으로 주일(일요일)에는 예배 우선 원칙을 세워 물건매매나 나들이 (외출)조차 엄격히 통제하셨다. 그뿐만 아니라 거짓말과 속임수는 더욱더 용납하지 않으셨다. 잘 못 했을지라도 솔직하게 말씀드리면 타이르시며 용서하시지만 거짓말하거나 속이는 것은 절대 용납하지 않으신 분이셨다.

그와 같은 성품은 부친도 마찬가지셨다. 부친은 초등학교 교사와 면서기 등을 지내셨고 항만 공사 현장소장, 육군 연예단, 군납사업 등 여러 번의 직업 변동과 잦은 이사를 했으나 신앙만은 끝까지 지키셨다. 모친 역시 장로님의 딸로 태어나 우리 형제자매 5여 3남의 어머니가 되기까지 그 어렵고 고생스러운 삶에서도 신앙의 절개를 지키며 일가친척은 물론 주위 분들의 칭송을 들을 수 있었다. 그런 신앙의 가계 덕분에 우리 형제자매들은 어릴 적부터 자연스럽게 예배에 참석하며 신앙생활을 할 수 있었다.

신앙생활 하신 선친들의 영향으로 우리 동기간들은 바보스러울 만큼 정직한 어린 시절을 보냈다. 우리 집은 가난했으나 신앙 가풍을 이어오면서 동리 사람들과 지인들로부터 신임받고 살았다. 어릴 적에는 새벽기도회가 부담스럽고 싫었지만 지나고 보니 일찍이 기독교 신앙으로 가르치신 선친들의 신앙과 가정교육이 우리 자손들에게 큰 자랑거리가 되었다. 왜냐하면 신앙을 가진 선조들의 기도 덕분에 올곧게 살 수 있었기 때문이다. 지금도 어머니가 즐겨 쓰시던 말씀이 기억난다. "먹을 가까이하면 먹물로 검게 된다."라는 근묵자흑(近墨者黑)이란 사자성어를 늘 기억하고 있다. 좋지 않은 사람과 어울리지 말라는 어머니의 당부를 지키며 살 수 있었다.

필자도 자손들로부터 우리 부모님, 우리 조부모님은 늦은 연세에 하나님의 종이 되어 정직하고 성실하게 목회자의 삶을 사셨던 분으로 기억되기를 기대한다. 그뿐만 아니라 선조들 신앙을 본받아 신앙 생활에 매진했더니 이렇게 축복받는 삶을 이루었다는 간증이 있었으면 한다. 왜냐하면 신앙은 대물림이 필요하기 때문이다.

기도의 사람들

    필자의 모교 순천 매산 중고등학교는 기독교 계통 학교(mission school)로 매일 예배드리는 학교로 유명하다. 우리 학교는 일제 신사 참배 반대와 예배 강행으로 학교가 폐교되는 탄압을 받은 학교이다. 지금도 교육부 지시로 학교 수업 시간에 예배를 드릴 수 없지만, 필자가 학교 다니던 그 당시에는 무슨 일이 있어도 전교생이 강당에 모여 매일 1시간씩 예배드림이 철칙으로 되어 있던 예배를 중요시한 기독교 지도자양성을 제일 목표로 삼았던 학교였다. 당시 예배가 끝난 후까지 늘 엎드려서 기도하는 여학생이 있었다. 목사님의 딸로 공부도 잘했거니와 예배와 기도에 최선을 다하는 모습이었다. 중학교를 졸업한 후 당시 우리나라 명문 여고인 경기여고를 거쳐 서울대 법대를 졸업하고 사법고시에 합격하였다. 그 여학생이 판사와 변호사를 거쳐 환경부 장관을 지낸 황산성 변호사이다. 하나님은 기도하는 자를 찾으시고 크게 쓰심을 볼 수 있다.

    그뿐만 아니라 필자가 중고등학교 시절에 부모님과 함께 출석했던 순천노회 광동중앙교회에 김응선 장로님이 계셨다. 김 장로님은 경찰 출신으로 퇴직 후 농사를 지으며 생활하셨다. 교회 봉사에 힘쓰시며 심지어 교회 학교 어린이들까지 시중들면서 열심히 신앙생활을 하셨던 분이다. 주일예배 대표기도 때마다 장로가 가난하여 헌금에 본이 되지 못함을 눈물로 기도하시던 모습을 지금도 기억하고 있다. 하나님께서 김 장로님의 기도에 응답하셔서 5남 3녀의 자녀들이 모두 축복받았다. 장로님을 비롯하여 8남매 자녀들이 모두 순천 매산 고등학교 출신으로 장남은 매산고등학교 교장, 차남은 해군 대령 예편 후 기업 회장, 3남은 회사 회장, 4남은 국회의원과 가스공사 사장, 5남은 검사, 법무부 장관, 국정원장, 현재 모 법무법인 대표회장으로 재직하고 있다. 모두가 교회 장로님과 권사님으로 교회와 사회에 크게 봉사하는 축복받은 기독교 명문 가문을 이루었다. 김 장로님의 장례식을 거행했는데 순천시가 생긴 이래 조문객이 최다로 모여 거행되기도 했다.

또한 필자의 외숙 김형모 박사의 이야기이다. 김 박사님은 기도하시던 장로님의 장남으로 태어나셨다. 가난한 시골 출신이셨지만 하나님의 은혜로 평양신학교를 졸업하고 목사안수를 받고 목회하셨다. 기도 응답으로 미국 에모리대학교에 유학하여 신학박사 학위 취득 후 귀국하여 순천 매산 중고등학교 교장, 호남신학교 학장, 숭실대학교 이사장, 대한 예수교장로회 제49대 총회장을 역임하셨다. 온 일생을 기도로 사시면서 학교, 교회, 지역사회를 위해 헌신하신 큰 인물이셨다. 기도하는 인생은 하나님이 보장하신다. 눈물로 기도하면 기쁨으로 단을 거두게 하신다. 하나님의 축복은 기도라는 통로로 이루신다.

암브로시우스는 눈물로 기도하는 어머니를 둔 자식은 절대 망하지 않는다고 했다. 기도하는 개인, 기도하는 가정은 망하지 않는다는 교훈을 동서양 역사를 통해 볼 수 있다. 역사의 위대한 업적을 남긴 인물 대부분은 기도하는 사람들임을 알 수 있다.

늦깎이 신학생

⋯⋯⋯⋯⋯⋯⋯⋯⋯

어릴 적부터 선친들의 서원기도를 듣고 자랐다. 서원기도의 내용은 필자를 하나님께 바친다는 기도였다. 다시 말하면 목회자로 하나님의 종이 되게 하겠다는 것이다. 그러나 필자는 어려서부터 가난하게 목회하셨던 조부모님과 주변 목회자들의 가난한 삶을 보면서 그 꿈을 접은 지 이미 오래였고 오직 가난의 대물림만은 면해야 한다는 각오로만 살았었다.

첫 직장이던 경찰을 퇴직한 후 항운 회사 주주 겸 전무이사로 사업을 시작하여 진수환경㈜과 신흥사료㈜를 경영하며 고대광실 양옥에 고급 차 타면서 남들이 부러워하던 삶을 살던 시절이 있었다. 경영하던 회사의 갑작스러운 부도 사건이 발생하여 최고의 삶에서 최저의 나락으로 떨어지고 말았다.

부도를 수습하기 위해 죽기를 각오한 금식기도를 통해 살아 계신 인격적 하나님을 만날 수 있었고 신앙을 되찾을 수 있었다. 결국 부도라는 사건을 통해 조부모님과 부모님께서 필자를 주의 종으로 바치겠다는 서원기도를 이루시려는 하나님의 섭리셨음을 뒤늦게 깨닫게 하셨다. 하나님은 선친들의 서원기도를 부도라는 고난을 경험시켜 하나님의 뜻을 이루셨다고 믿고 싶었다. 어릴 때부터 부정했던 목회자의 수업이 시작되었다. 그것도 필자의 일생 중 가장 왕성한 활동기였던 43세에 내 의지와 상관없이 등 떠밀리듯 어쩔 수 없이 늦깎이 신학생이 되었다. 인간적인 생각으로는 늦어도 너무 늦은 때로 여겼다. 중고등학교 동창 중에는 이미 대형교회 담임목사들이었고 노회와 총회의 임원과 회장으로 자리매김한 때였다.

호남신학대학교 입학고사장에서 황승룡 총장님을 만났다. "아들이 우리 학교에 입학합니까."라고 묻던 총장님은 필자의 처지를 듣고 3학년으로 편입할 수 있도록 선처해 주셨다. 그러나 편입의 약점을 경험한 선배들의 충고와 아내의 설득으로 학력고사를 거쳐 정규대학으로 승격된 호남신학대학교 1학년에 입학할 수 있었다. 급하면 돌아가라는 격언대로 내 일생 중 가장 탁월한 선택이었음을 대학원 석박사과정을 밟으며 보상이라도 받은 듯 뿌듯했다. 늦다고 생각하는 그때가 가장 빠른 때라는 교훈을 실감할 수 있었다.

하나님의 기적은 말씀에 순종할 때 주어지는 보상이다. 그곳 호남신학교에서도 하나님의 기적을 체험할 수 있었다. 휴식 시간 나이 어린 동창들과 족구를 하는 처량한 모습을 지켜보던 한 사람이 있었다. 우리 회사납품업자였던 채권자였다. 그분은 신실한 크리스천으로 "장로님(필자를 지칭함)이 이렇게 어려운 결단을 하셨네요, 기가 찹니다, 좋은 목사님 되세요."라는 짤막한 격려와 함께 3천만 원의 납품 채무를 탕감해 주었다.

그뿐만 아니라 평소에 존경하던 박병돈 목사님과 외사촌 동기간들(김형모 박사 자녀들)을 통해 등록금을 지원받는 등 연속적인 기적들을 체험할 수 있었다.

토요일과 주일(일요일)은 담임 목회자로 교회를 섬기며, 월요일부터 금요일까지는 학교생활을 하면서 총장 장학금과 4학년 때는 기숙사 사생회장 직을 맡아 비급여 급식 혜택으로 점심을 거르지 않고 신학대학을 마칠 수 있는 기적을 체험할 수 있게 하셨다. 사람을 통해 역사하시는 하나님의 은혜로 그 어렵고 힘들었던 4년의 학부 기간을 기적적으로 넘길 수 있었음을 늘 감사하며 살고 있다.

늦깎이 목사

　　호남신학교와 장로회신학대학원을 거쳐 50세에 늦깎이 목사가
되었다. 목사안수를 받기 위해 반드시 교단 소속 신학대학원을 졸업
해야 한다. 우리 교단 신학대학원은 서울 광진구 광장로5길 25-1에
있는 장로회신학대학교 신학대학원이다.

　　대학원 시절은 대학교 학부 때보다 학교생활이 더 힘들었다. 왜냐
하면 당시 필자의 목회 지가 전남 광양이었기 때문이다. 주일 밤 예
배를 마치고 순천까지는 버스로 서울까지는 열차를 이용하여 다음
날 아침 서울역에 도착 후 전철과 버스를 이용해서 강나루 신학대학
원에 도착할 수 있다. 수강 후 오후 늦게 자녀들이 거주하는 왕십리
에서 4일간을 기거하며 금요일 학업을 마치고 역방향으로 시무하던
교회 사택으로 귀가하는 힘든 과정이었다. 마치 군대 생활을 재입대
할 수 없는 것처럼, 또다시 그 길을 반복하라면 절대 못 할 것이다. 그
런 상황에서 하나님의 기적은 계속 베풀어졌다. 11~12대 국회의원이

셨던 김재호 의원(장로님)의 사모 정숙자 목사님을 통해 자녀들이 단칸방에 거주함을 아시고 전세금과 2학기분의 등록금을 제공해 주신 것이다. 하나님의 연속적인 기적을 맛보며 신학대학원을 무사히 졸업할 수 있었다.

필자는 목사가 되면 부흥사로 복음을 전하고 싶었다. 왜냐하면 초등학교 5학년 때 당시 전국적으로 유명했던 성결교단 출신 이성봉 목사의 부흥 집회에 참석하여 큰 감명을 받았기 때문이었다. 그때 부친 사업 부도 전까지만 해도 '나도 커서 부흥사가 되겠다.'라고 결심하며 기도했었다. 지금도 기억하는 것은 "박 군의 심정"이란 chart(그림 괘도)를 이용한 오전 예배 설교였다. 박 군의 ♡(하트) 속에 그려져 있는 7마리의 짐승이 내 마음속에도 도사리고 있었다.

(1) 공작새, 스스로 잘난 체하는 교만과 허영을

(2) 돼지, 제만 먹겠다는 욕심과 이기심을

(3) 거북이, 손을 대도 꿈쩍 않는 나태와 게으름 영으로

(4) 뱀, 이간질을 일삼는 미혹의 영으로

(5) 사자, 맹수의 왕으로 포악함과 혈기를

(6) 염소, 뿔로 남을 들이박고 해하는 심술과 높은 산꼭대기에 서는 교만과

(7) 두꺼비, 혀의 독 말로 사람을 죽이는 것을 비유하고 있는 내용이었다.

사람의 마음속에 짐승처럼 도사리고 있는 못된 죄를 예수 그리스

도의 십자가 사랑을 통해 회개하고 성령을 받으면 깨끗한 사람이 되어 구원받게 된다는 설교였다. 동물들의 속성들을 설명하면서 화내는 것, 간사한 것, 거짓말한 것, 속이는 것, 부모님과 선생님 말씀에 불순종한 것들에 대한 설교를 들으면서 그 도표에 그려진 박 군이 바로 필자 자신인 것처럼 느껴져 눈물 콧물 흘리며 회개했던 것을 기억하고 있다.

필자가 소속한 대한예수교장로회(통합) 헌법에 따라 목사안수를 받기 위하여 신학대학원 졸업 후 목사고시에 합격해야 함은 물론 2년간의 준비 기간을 거쳐야 하므로 그 기간을 이용하여 부흥사연수원을 수료해야겠다고 마음먹었다.

기도하며 준비하는 자에게 반드시 기회를 주시는 하나님이시다. 당시 한국교회 부흥사 대부로 불리던 필자의 소속 교단 부흥사이신 신현균 목사님께서 운영하는 민족 복음화 운동본부 부흥사연수원에 등록하게 되었다. 입학금을 위해 기도하던 중 제주 우체국소인 소액환이 등기우편으로 보내왔다. 1년의 소정 과정을 수료 후 총회부흥전도단과 산하 서울부흥전도단에 가입하여 활동할 수 있었다.

아, 하나님의 은혜로 국내외 350여 교회와 기도원 집회와 서울 트레스디아스 영적 지도자로 수년간 봉사할 수 있었음을 감사드린다. 목회 사역 27년 중 부흥사로 활동하며 하나님의 큰 기사와 이적을 체험하며 복음을 전할 수 있도록 인도해 주신 하나님의 은혜에 감사드린다.

　지나고 보니, 모두가 하나님의 은혜였다. 이스라엘 민족이 광야(사막)생활 40년 동안 연속적인 불평불만의 삶이었다면, 만삭되지 못하여 난 자 같은 필자 역시 어찌 불평불만이 없었을까마는 하루, 한 달, 일 년, 십 년을 뒤돌아보면 불평보다는 감사가, 낙심보다 꿈이, 한숨과 절망보다 웃음과 소망이었음을 깨닫고 감사하게 된다. 유라굴로 광풍 같고 마라의 쓴물 같은 사업 부도로, 옛날 같으면 하룻저녁 외식비 정도의 사례비로 한 달을 살면서 금식 외에는 한 끼도 굶지 않도록 인도해 주신 하나님! 난공불락의 여리고 성 같은 빚 문제와 네 명의 자녀와 필자의 등록금 등 인간으로는 절대 불가능한 것들이 홍해와 요단강이 갈라지고 마라의 쓴물이 단물로 변화되는 새콤달콤한 기적을 맛보게 하심이 늦깎이로라도 하나님 말씀에 순종한 필자에게 주시는 은총임을 만만 감사와 찬송을 드릴 뿐이다.

　"만 입이 내게 있으면 그 입 다 가지고 내 구주주신 은총을 늘 찬송하겠네. 내 은혜로우신 하나님 날 도와주시고 그 크신 영광 널리 펴 다 알게 하소서. 내 주의 귀한 이름이 날 위로하시고 이 귀에 음악 같으니 참 희락 되도다. 내 죄의 권세 깨뜨려 그 결박 푸시고 이 추한 맘을 피로써 곧 정케 하셨네." 아멘. 할렐루야!

늦깎이 목사의 간증

"이것이 나의 간증이요." 제하의 총회 부흥전도단 간증집에 실린 필자의 간증이다.

저는 조부와 외조부께서 장로님이셨던 관계로 부모님으로부터 모태 신앙인이었습니다. 저의 조부님은 미국 선교사님과 함께 조사(전도사)라는 직함으로 13개소의 개척교회와 기성교회를 목회하시다가 말년에 당신의 사가를 노회에 기증하여 교회를 짓고 한평생을 목회하셨습니다. 또한 부친은 초등학교 교사와 면서기(부면장)를 거쳐 육군 정훈국 호남지부장을 지낸 후 전남 순천에 주둔했던 육군 제15연대에 군납사업을 경영하다가 망하고 말년에는 시골 5일장의 곡물 중개상을 하며 지내셨습니다.

이런 가난한 가정형편이다 보니 중학교 입학 3개월 만에 이사와 함께 중퇴했습니다. 시골에 살면서 지게로 산에서 땔나무를 채취하여 시장에 팔기도 하고 수리조합에서 시행한 저수지 조성공사 현장에서 흙짐을 지기도 했습니다. 얼마 후 종조부(조부의 동생)가 원장이던 병원에 의술을 배우기 위해 3년간 무보수로 생활했습니다. 그 후 17세 되던 해 외숙이신 순천 매산 중고등학교 교장 김형모 박사님의 도움으로 중고등학교를 졸업할 수 있었습니다.

고교 졸업 후 육군에 입대하여 논산훈련소를 거쳐 주한미군사고문단 동부단 통역병으로 근무하다가 제대했습니다. 제대 후 함께 일했던 고문관의 특별 배려로 양자 입양조건으로 미국 유학을 제의받았습니다. 그러나 긴박했던 저의 가정 형편상 그 제안을 수용할 수가 없었습니다. 왜냐하면 저 자신의 입신출세만을 위해 약혼자와 동생들을 두고 훌쩍 떠날 수가 없었기 때문이었습니다. 사실 80여 평생을 살면서 하나님이 주신 가장 귀한 축복의 기회를 놓친 어리석음에 대해 후회하는 과거지사입니다.

제대 후 경찰 시험에 합격하여 여수 경찰서 정보과 외사 형사와 대공 형사 생활하면서 동료들과 지인들의 부러움을 받을 만큼 행복한 가정을 이루었습니다. 그러나 형사 근무 특성상 주야가 따로 없는 생활을 하다 보니 세상 재미에 빠져 결국 신앙생활을 떠나 타락하고 말았습니다. 제 아내는 처녀 때부터 집사 임명받았을 정도로 열심 있는 집사였습니다. 아내는 저의 신앙생활 복귀를 위해 애원했지만 이미 세상 재미에 깊이 빠진 불신자의 삶이 훨씬 편하고 좋아서 응할 수가 없었습니다.

조부모님과 부모님은 제가 출생한 후 주의 종으로 바치겠다는 서원기도를 드렸다고 합니다. 그 영향으로 중고등학교 학적부 희망 사항란에 목사라고 기록한 적도 있었습니다. 그러나 학교를 졸업하고 화려한 군 생활과 제대 후 형사 생활하면서 목사가 되겠다던 생각은 완전히 잊어버리고 말았습니다.

사실대로 말하면 제 마음속에 목회자로 한평생 사신 조부모님의 가난한 가정생활과 부친의 사업 실패에 따른 생활고가 너무나 싫었습니다.

생각해 보십시오! 예수 안 믿어도 부자로 잘사는 동네 사람들을 보면서 하나님이 계신다면 새벽기도 한번 안 빠지고 예수 잘 믿는 우리 집이 왜 가난하게 살아야 하는 것입니까? 그렇지 않습니까? 평생을 목회하신 조부모님과 주일성수 잘하시고 십일조 잘 바치신 부모님인데 왜 우리 집이 믿지 않는 사람들보다 가난하게 살아야 하느냐는 말입니다. 물론 그 당시에는 우리나라가 세계 최빈국 수준이었기 때문에 동네 한두 집을 제외하고는 다 배고프고 헐벗은 보릿고개를 겪던 시대였지만 그래도 우리 집만은 예외여야 한다고 생각했습니다. 하나님이 계시면 예수 잘 믿는 집은 복을 주어 부자로 살게 해주셔야 한다고 믿었기 때문이지요. 그런데 나는 예수 잘 믿는 집 손자요 아들인데 집이 가난하여 중학교도 중퇴해야 했고 갖가지 고생을 하면서 살아야 했기 때문에 늘 하나님에 대해 회의와 불평불만이 가득했습니다. 부끄럽게도 제가 모태 신앙자로 살았지만 단 한 번도 성령님을 체험하지 못한 상태였습니다.

결혼 후, 저는 경찰관으로 아내는 보건소 선임간호사로 근무하면서 동료들의 부러움의 대상이었습니다. 자기들은 혼자 벌어 사는데 필자는 둘이서 벌기 때문에 아무래도 생활 환경이 나아졌기 때문이었습니다. 더구나 조기 퇴직하고 사업을 시작하면서부터 언제 가난했냐는 듯 고대광실 양옥집 지어 고급 차 굴리면서 보란 듯이 떵떵거리며 살았습니다. 예수 안 믿어도 이렇게 부자로 잘살 수 있는 것을 은근히 뽐내며 교만하기까지 했습니다. 세속에 빠져 살던 어느 날 3박 4일간 무인도에 바다낚시를 갔다가 폭풍 주의보 발령에 낚시를 포기하고 귀항하는 어선에 간신히 승선하자마자 5~6m의 파도와 폭풍우로 인해 선체가 하늘로 솟구쳤다가 바닷속으로 처박히며 파도에 부딪히는 굉음과 함께 침몰 직전의 위험한 순간을 수백 번 당했습니다. 죽음이 촌각 지 간에 닥치자 그제야 하나님을 찾게 되었습니다. "하나님 한 번만 살려주시면 다음 주일부터 교회에 출석하여 신앙생활을 다시 시작하겠으며 주의 종이 되겠습니다."라는 요나와 같은 기도를 하게 되었습니다. 2시간여 사투 끝에 구사일생으로 귀항할 수 있었습니다. 그 사건을 계기로 신앙생활을 재개하였고 여수 동광교회 집사와 장로로 봉사하게 되었습니다.

그런데 화장실 갈 때 마음과 올 때 마음이 다르다는 옛말이 저에 대한 속담이 되고 말았습니다. 일촉즉발(一觸卽發)의 죽음 앞에서는 살려만 주시면 목회자로 살겠다던 하나님과의 약속을 헌신짝처럼 버리고 말았습니다. 장로로 돈 많이 벌어 물질로 봉사하면 되지 꼭 목사가 되어야 하느냐는 사탄의 간교한 생각에 사로잡히고 말았습니다. 그런데다 나이도 목사가 되기에는 너무 늦었다는 생각이 들었습니다. 더 솔직히 말씀드리면 가난하고 고생스러운 목회자 생활이 너무너무 싫었기 때문이었습니다. 그것이 1차 경고였음을 그때는 알지 못했습니다.

그 후로 가끔 집으로 찾아온 은사와 능력을 받은 집사, 권사들이 찾아오기 시작했습니다. 당시에 은사 받은 권사님이 가정예배를 드리며 "하나님께서 박 장로님을 사도 바울처럼 쓰신답니다."라는 예언과 함께 목회자가 되어야 함을 권면했으나 필자는 소귀에 경 읽기식으로 아무 기대나 감동이 없었습니다.

그런 일들이 있던 후, 경찰을 퇴직하고 동성 항운(주) 주주 겸 전무이사로 사업을 시작한 후 진수환경(주)과 신흥사료(주) 대표이사 사장으로 승승장구하던 사업이 갑자기 부도가 났습니다. 그런데도 무리한 시설투자가 화근이었다고 생각했습니다. 당좌수표와 어음 그리고 고대광실 양옥집, 공장, 사택, 차량까지 매매하여 부도를 막으려 했지만 역부족이었습니다. 결국 왕창 망해버렸습니다. 회사의 수표와 어음발행에 대한 민 형사적 책임 때문에 그렇게 아끼던 승용차까지 매각한 후 서울역을 거쳐 오산리 금식기도원으로 도망을 쳤습니다.

그래, 장로가 빚쟁이 되어 교도소 수감되는 창피를 당하느니 차라리 죽자, 장로가 자살은 할 수 없고, 굶다(금식하다) 죽으면 믿음 좋은 장로였다고 기억하겠지? 그렇게 마음먹고 오산리 금식기도원에 도착하여 방을 배정받고 금식기도를 시작했습니다. 오직 죽기를 위해서였습니다. 금식 7일째 되는 날 오전 예배를 마쳤습니다. 숙소에 오가며 힘들기만 한데 차라리 여기서 기도하다가 오후 예배에 참석하자는 마음이 들었습니다. 일주일째 굶었지만 배도 고프지 않고 기도도 되지 않았습니다. 교회에서 대표 기도할 때는 기도에 은혜가 된다는 말을 듣기도 했었는데 막상 사업이 망하고 한 치 앞을 내다볼 수 없는 막다른 지경에 처하자 처자식들만 생각해도 기가 차고, 어떻게 하면 빨리 죽을 수 있을지만 생각날 뿐 기도가 나오지 않았습니다. 겨우 기도한다는 것이 "주여! 주여!" 하면서 주님만 부르며 울다 지쳐 잠들기 일쑤였습니다. 그런데 그날은 달랐습니다. "내일 일은 난 몰라요. 하루하루 살아요." 하며 이미 가졌던 재물은 다 없어졌으나 아직 남아 있는 생명과 처자들까지 다 포기한 채로 주님께 매달리기 시작했습니다. "주님, 오늘은 일주일째 굶었으니 빨리 죽도록 도와주세요. 차라리 여기서 죽는 것이 하나님 영광 가리지 않는 길입니다. 주여, 빨리 생명을 거두어주시옵소서!"

그런 기도 같지도 않은 엉터리 기도를 하며 1시간쯤 지났을 무렵 갑자기 강대상 쪽에서 주먹보다 큰 불덩이가 쭉 날아와 내 입을 통해 가슴 속으로 쑥 들어오는 것입니다. 그때 나의 가슴은 너무 뜨거워 타죽을 것 같았습니다. 아, 나는 이렇게 죽는구나, 하는 생각이 들면서도 한편으로는 "아, 이것이 성령의 불이구나, 이제는 살았다."라는 안도감이 들면서 감격과 희열이 솟구쳐 올랐습니다. 그와 동시에 "기도해" 하시는 근엄한 음성과 더불어 "여호수아 1:5-9를 읽어라."라는 음성이 들렸습니다. 그때가 예배를 마친 후여서 어두컴컴한 상태로 성경을 펼쳤습니다. 그런데 성경 글자가 황금색으로 변하면서 톡 톡 톡 튀어나와 잘 읽을 수 있었습니다.

수1:5-9. "네 평생에 너를 능히 당할 자가 없으리니 내가 모세와 함께 있었던 것 같이 너와 함께 있을 것임이라. 내가 너를 떠나지 아니하며 버리지 아니하리니 강하고 담대하라. 너는 내가 그들의 조상에게 맹세하여 그들에게 주리라 한 땅을 이 백성에게 차지하게 하리라. 오직 강하고 극히 담대하여 나의 종 모세가 네게 명령한 그 율법을 다 지켜 행하고 우로나 좌로나 치우치지 말라 그리하면 어디로 가든지 형통하리니, 이 율법 책을 네 입에서 떠나지 말게 하며 주야로 그것을 묵상하여 그 안에 기록된 대로 다 지켜 행하라 그리하면 네 길이 평탄하게 될 것이며 네가 형통하리라. 내가 네게 명한 것이 아니냐? 강하고 담대하라. 두려워하지 말며 놀라지 말라. 네가 어디로 가든지 네 하나님 여호와가 너와 함께 하느니라 하시니라."

하나님께서 저의 절망적 환경에 낙심하며 초조해함을 불쌍히 여기시고 평안함과 담대함을 갖도록 역사해 주신 것입니다. 너무 기쁜 황홀경 속에 오후 예배와 저녁 집회 때까지 그 자리를 떠나지 않고 성령 충만한 은혜를 체험할 수 있었습니다. 오후 집회와 밤 예배를 드리는데 지금까지 드렸던 예배와 판이한 모습이었습니다. 찬송을 부를 때에 하나님께서 직접 들으시고 설교가 하나님께서 직접 말씀하시는 것으로 들려지는 것입니다. 그날 저녁 집회가 끝난 후 개인 기도 굴에 들어가 무릎을 꿇었습니다. 무릎을 꿇자마자 "아버지!" 하고 크게 부르라는 감동을 주셨습니다. 성령 체험을 하기 전까지는 확신 없이 주여! 주여! 했지만 이번에는 확신하며 "아버지" 하고 불렀습니다. 그 음성이 마치 하나님의 보좌 앞에 메아리치듯 쭉 올라가 닿을 지음, 보좌로부터 영롱한 불빛 하나가 점점 커지며 써치라이트 (searchlight) 비치듯 가슴 속으로 쭉 비치면서 "오냐!" 하시며 인자한 음성으로 대답해 주시는 것이었습니다. "오냐!" 하시는 그 음성 속에 나의 모든 간구와 소원을 다 이루어 주시겠다는 약속을 해 주시는 것입니다.

마치 그리스도인을 핍박하던 사울에게 천상의 그리스도께서 사울아, 사울아, 어찌하여 네가 나를 핍박하느냐? 하시던 말씀 앞에 쓰러져 앞을 보지 못했던 사울처럼, 기도 굴속에서 말로 표현할 수 없는 어떤 힘에 감싸여 새벽 6시까지 황홀경에 빠지는 성령 체험 후 비로소 목회자가 되겠다고 결심했습니다. 그 순간부터 절망과 두려움이 사라지는 것을 느꼈습니다. 할렐루야!

저는 천하를 얻은 듯 기뻤고 감사와 감격이 넘쳤습니다. "하나님 아버지, 부도 되게 하신 것 감사합니다. 망하게 된 것 감사합니다. 살려주심을 감사합니다." 얼마나 기뻤던지 밤새 이리 뛰고 저리 뛰며 방언 기도와 영음(靈音) 찬송으로 이루 말할 수 없는 은혜 은사를 체험할 수 있었습니다. 새벽예배 때는 저의 여생에 대한 환상을 보여주시며 새벽예배를 마칠 때까지 성령의 역사하심을 흠뻑 체험할 수 있었습니다.

그때까지 저의 신앙생활이 습관적이고 추상적이었다면 그 이후로 실존하신 하나님을 체험하고 확신과 감사로 충만했습니다. 그제야 하나님을 향한 감격스러운 찬양이 터져 나왔습니다.

"내일 일은 난 몰라요. 하루하루 살아요, 불행이나 요행함도 내 뜻대로 못 해요.
험한 이길 가고 가도 끝은 없고 곤해요, 주님 예수 팔 내미사 내 손 잡아 주소서.
내일 일은 난 몰라요, 장래 일도 몰라요. 아버지여 날 붙드사 평탄한 길 두옵소서."

신세타령이 아닌 눈물과 콧물로 얼룩진 감사와 감격의 찬양으로 내 뜻대로가 아닌 하나님의 뜻대로 살겠다는 각오와 주님의 종이 되겠다고 승복하여 43세에 늦깎이 신학생이 되었고 50세에 대한 예수교장로회(통합) 순천노회에서 목사안수를 받았습니다. 할렐루야!

목사안수를 받은 후 5년 동안 시무했던 순천노회 황금교회를 떠나 미국 뉴욕 플러싱에 있는 한인교회에 담임목사로 초청받아 이민가방 2개를 들고 뉴욕으로 떠났습니다. 신학교 시절부터 어렵고 힘든 방글라데시나 아프리카에 선교할 수 있게 해주십사하고 기도했는데 세계 일등 국가 미국으로 갔으니, 마치 요나 선지자가 니느웨를 버리고 다시스로 도망친 상황과 똑같은 입장이 된 셈이었습니다. 그 교회 장로님과 권사님 그리고 집사님들의 개척교회설립 제안이 있었으나 하나님의 뜻이 아님을 깨닫고 몇 개월 후 귀국하게 되었습니다.

귀국 후 서울 서초구 방배동 지하에 개척교회를 시작한 후 매일 밤 청계산 기도원에서 3마리 토끼를 잡게 해 주십사하고 눈물로 기도했습니다. 3마리 토끼란 예배당과 사택 그리고 어린이집을 할 수 있는 환경을 말하는 것입니다. 기도의 응답으로 세 들어 있던 교회 건물 2층에 어린이집을, 신축 가옥 3층에 사택을 이전하고 5년 5개월을 시무했습니다. 지나고 보니 하나님께서 이미 더 좋은 사역지를 예비해 두셨습니다. 1층은 어린이집, 2층은 교회, 3층은 사택으로 지어진 건물을 매입할 수 있는 기적을 베풀어 주셨습니다. 그곳에서 은퇴할 때까지 대과(大過) 없이 목회할 수 있었음을 하나님께 감사드립니다. 개척교회를 시무하며 부노회장, 총회부흥전도단 상임 총무, 부단장, 지도위원과 서울부흥전도단 부단장, 지도위원으로, 그리고 세계 복음화협의회 상임회장으로 섬기며 복음을 전할 수 있었습니다.

저는 마치 오후 5시에 초청받은 포도원의 품꾼이라고 생각합니다. 늦깎이 신학생으로 신학교와 신학대학원을 거쳐 50세에 목사안수를 받아 70세에 은퇴한 후 부천노회 은퇴목사회장과 전국 은퇴목사회 임원으로 봉사하고 있습니다. 하나님의 집에는 큰 그릇도 있고 작은 그릇도 있습니다. 빨리 쓰인 그릇도 있지만 늦게 쓰인 그릇도 있습니다. 혹 무슨 일에 늦다고 생각하시는 분 계십니까? 그때가 바로 제일 빠른 때임을 기억하시기 바랍니다. 혹 적은 그릇이라고 과소평가하여 소홀히 여기지 않으신가요? 작든 크든 주인께 쓰임 받으면 됩니다.

저를 보세요, 늦깎이로라도 선친들의 서원기도에 응답하신 신묘막측(神妙莫測)하신 하나님의 섭리와 은혜에 대해 하나님께 영광 돌리는 축복받은 인생임을 간증하는 것입니다. 여러분! 사람마다 사명이 다릅니다. 그 사명대로 살아야 함을 기억하시기 바랍니다. 하나님께서는 우리의 기도를 잊지 않고 기억하십니다.

하나님께서는 우리에게 복을 주시기 위해 때때로 시험(test)하실 때가 있습니다. 마치 아브라함에게 독자 이삭을 바치라는 시험(테스트)을 통과시켜 여호와 이레의 복을 주신 것처럼 말입니다.

그러나 사탄은 유혹(temptation)을 통해 저주를 주는 것이 목적입니다. 참고로 꼭 간증하고 싶은 것은 뉴욕교회에 초청되어 몇 개월 지내는 동안 이성의 유혹을 물리친 사실이 있었습니다. 그 테스트에 통과한 후 물질, 자녀, 건강, 등 모든 문제가 해결되는 축복을 체험할 수 있었습니다.

여러분! 여러분에게 오는 테스트를 잘 통과 하십시오. 반드시 하나님의 축복이 임할 것입니다. 여러분에게 닥치는 유혹을 잘 물리칠 수 있는 믿음과 지혜와 용기를 하나님께 구하십시오. 하나님은 우리를 사랑하시어 가장 좋은 것으로 축복하십니다.

지금은 빚쟁이 장로가 아니라 인생 말년의 복을 받아 1남 3녀의 자녀들과 좋은 사위들 그리고 손자 손녀들의 효도를 받으며 행복한 은퇴 목사로 잘 지내고 있습니다.

이 모두가 살리기도 하시고 죽이기도 하시며 흥하게도 하시고 망하게도 하시는 하나님의 주권적 역사(役事)하심입니다. 성 삼위 하나님의 은총이 읽는 모든 분께 늘 함께하시기를 축복하며 축원합니다. 아멘!

늦깎이 목사를 위한
Logos & Rhema

하나님의 말씀 성경이 어느 말씀이 중요하고 어떤 구절이 덜 중요할까마는 Logos(기록된 성경말씀) 중에 특별히 Rhema(필자가 받은 영감의 말씀)로 역사하신 몇 구절을 기록해 본다.

(1) 여호수아 1:5-9 말씀

"네 평생에 너를 능히 당할 자가 없으리니 내가 모세와 함께 있었던 것 같이
너와 함께 있을 것임이라. 내가 너를 떠나지 아니하며 버리지 아니하리니, 강
하고 담대하라, 너는 내가 그들의 조상에게 맹세하여 그들에게 주리라 한 땅
을 이 백성에게 차지하게 하리라. 오직 강하고 극히 담대하여 나의 종 모세
가 네게 명령한 그 율법을 다 지켜 행하고 우로나 좌로나 치우치지 말라 그
리하면 어디로 가든지 형통하리니, 이 율법 책을 네 입에서 떠나지 말게 하
며 주야로 그것을 묵상하여 그 안에 기록된 대로 다 지켜 행하라 그리하면
네 길이 평탄하게 될 것이며 네가 형통하리라. 내가 네게 명한 것이 아니냐?
강하고 담대하라. 두려워하지 말며 놀라지 말라. 네가 어디로 가든지 네 하
나님 여호와가 너와 함께 하느니라 하시니라."

위에 기록된 말씀은 사업 부도의 절망과 두려움에서 소망과 담대함을 갖게 하시고 굶어 죽고자 하는 극단적 선택 상태에서 필자를 일으켜 살리신 말씀이다. 이 말씀으로 삶의 벼랑에서 성령 체험을 통해 늦깎이 목사가 되어 목회 사역과 일상생활을 승리하도록 이끌어 주신 말씀이다. 강하고 담대하라! 왜냐하면 하나님께서 필자를 떠나지 않으시고 버리지 않기 시겠다는 약속의 말씀으로 직접 응답해 주셨기 때문이다.

(2) 시편 23:1-6 말씀

"여호와는 나의 목자시니 내게 부족함이 없으리로다. 그가 나를 푸른 풀밭에 누이시며 쉴만한 물가로 인도하시는 도다. 내가 사망의 음침한 골짜기로 다닐지라도 해를 두려워하지 않을 것은 주께서 나와 함께 하심이라. 주의 지팡이와 막대기가 나를 안위하시나이다. 주께서 내 원수의 목전에서 내게 상을 차려 주시고 기름을 내 머리에 부으셨으니 내 잔이 넘치나이다. 내 평생에 선하심과 인자하심이 반드시 나를 따르리니 내가 여호와의 집에 영원히 살리로다."

귀한 말씀이시다. 이 말씀은 그리스인이라면 누구나 좋아하여 거의 외우는 구절이다. 필자 역시 어려서부터 할아버지 무릎에 앉아 수없이 들었던 말씀으로 곡을 붙여 노래로 들려주셨던 말씀이다. 이 말씀으로 할아버지의 설교를 들으면서 여호와 하나님이 평생 나의 목자가 되심을 믿고 기쁠 때나 슬플 때나 언제 어디서든지 누나들과 함께 외우기도 하고 노래로 부르던 어린 시절을 추억하게 하는 말씀이다. 듣기만 해도 마음이 편안해지고 노래로 부르면 정신이 맑아지는 말씀으로 쓰기도 하고 특히 묵상하면 더 크게 은혜받는 귀한 말씀이다.

(3) 예레미아 33:2-3 말씀

"일을 행하시는 여호와, 그것을 만들며 성취하시는 여호와, 그의 이름을 여호와라 하는 이가 이와 같이 이르시도다. 너는 내게 부르짖으라. 내가 네게 응답하겠고 네가 알지 못하는 크고 은밀한 일을 네게 보이리라"

늦깎이로 목사안수를 받은 후 미국 한인교회 담임목사로 초청되어 이민 목회 기회를 얻었다. 그때까지도 부도로 인한 후유증이 있었던 터라 하나님의 명령을 어기고 다시스로 도망갔던 요나 선지자 같은 심정으로 가방 2개를 챙겨 뉴욕 케네디 공항에 도착했다. 마중 나온 집사님들의 환영을 받으며 여장을 풀고 교회에 도착하여 상황을 알고 보니 전임자의 재정문제로 인해 내분이 격화되어있음을 알고 아차 싶었다.

4개월이 지나도록 교회 분란은 장기화하였고 이민교회에서 흔히 볼 수 있는 주도권 싸움이 계속되면서 진정한 예배공동체라고 보기 힘든 상황까지 이르렀다. 장로님과 권사 집사 몇 분들이 따로 개척할 것을 제의 했으나 하나님 뜻이 아님을 느껴 사양하고 귀국했다.

귀국 후 서울 서초구 방배동에서 개척교회를 시작하고 서울남노회 소속 동료 목사님 2명과 함께 밤마다 밤샘 기도(철야기도)를 할 때 받은 감명 깊은 말씀이다. 말씀대로 부르짖어 기도한 후 하나님의 응답을 받은 말씀이다. 그 응답의 결과물이 안산의 목회지 이전이었다. 하나님의 말씀은 예외가 없으시다. 약속이시기 때문이다. 말씀을 믿고 순종하면 이루시는 하나님이심을 체험한 말씀이다.

(4) 마태복음 11:28 말씀

"수고하고 무거운 짐 진 자들아 다 내게로 오라 내가 너희를 쉬게 하리라"

성자 하나님이신 예수 그리스도께서 필자를 살리기 위한 초대의 말씀이다. 이 말씀은 비단 필자에게만 해당하는 초청장이 아니다. 이 세상 모든 사람을 초청하는 말씀이다. 전제조건이 있다. 수고하고 무거운 짐을 진 사람을 다 부르시는 것이다. 하나님 사랑의 최고봉인 성자 예수 그리스도의 십자가 사랑으로 초대하는 초청장이다. 다만 수고할 필요가 없는 자나 무거운 짐을 지고 있지 않다면 초대에 거절해도 무방하다. 그러나 이 세상에 태어난 그 누구도 수고와 무거운 짐을 지지 않은 사람은 단 한 사람도 없다. 죄로 인해 고민한 사람,

병마로 죽어가는 사람, 사업하다 빚을 지고 극단적 선택을 고민하는 사람, 배우자와 갈등으로 고민하는 사람, 입시에 떨어져 절망하는 사람, 각종 시험에 실패한 사람, 등 모든 사람을 초청하시는 예수 그리스도의 복음의 초대장에 응답해야 한다. 왜냐하면 이 세상 사람 모두가 죄인, 빚쟁이, 낙심 자, 낙망 자, 낙방자이기 때문이다. 하나님의 아들이신 예수 그리스도께서 이 세상 모든 피초청자를 구원하기 위해 십자가(죽음)와 부활을 통해 구원을 약속하신 초대의 말씀에 응답함이 마땅한 도리라 할 것이다.

(5) 요한복음 3:16 말씀

"하나님이 세상을 이처럼 사랑하사 독생자를 주셨으니 이는 그를 믿는 자마다 멸망하지 않고 영생을 얻게 하려 하심이라"

이 말씀은 성경의 전체 주제이기도 하다. 하나님은 선민(選民) 이스라엘 민족뿐만 아니라 이 세상 모든 인류가 구원받기를 위해 죄 사함의 방법을 제시하신 것이다. 하나님은 사랑이시라 독생자 예수 그리스도를 이 땅에 보내시어 십자가의 제물(죽음)이 되게 하셨다. 누구든지 아들(예수 그리스도)을 믿으면 멸망하지 않고 구원받게 하신다. 하나님은 인간구원을 위해 가장 쉬운 방법을 제시하신 것이다. 물론 아버지로서는 가장 쓰라린 아픔이지만 죄의 대가로 죽어야 할 인간을 위해 선택하신 길이시다. 필자도 이 말씀을 믿고 하나님의 자녀가 되었다는 구원의 확신을 받았던 말씀이다.

(6) 골로새서 3:23 말씀

"무슨 일을 하든지 마음을 다하여 주께 하듯 하고 사람에게 하듯 하지 말라"

이 말씀은 필자의 생활신조로 삼은 말씀이다. 필자는 일상생활에서 언제 어디서 누구와 무엇을 어떻게 왜 만나든지, 우리 주님을 만난다는 마음가짐을 갖고 살고자 한다. 사실 어려운 일이지만 만약에 만나는 이 분이 주님이시라면 어떻게 할 것인가를 염두에 두고 만나지만 쉽지 않다. 그럴지라도 주님의 명령이기에 실천해 보고자 노력한다. 특히 운전할 때 주님이 옆에 타고 계신다는 마음을 갖고 운전하고자 노력한다. 그러나 예의와 상식 없는 운전자들을 보면 참기 힘들뿐만 아니라 미워지는 것도 사실이다. 그래도 마음을 다하여 주께 하듯 하며 살자는 신조로 평소에 자주 묵상하는 말씀이다.

(7) 베드로전서 4:7-11 말씀

"만물의 마지막이 가까이 왔으니 그러므로 너희는 정신을 차리고 근신하여 기도하라. 무엇보다도 뜨겁게 서로 사랑할지니 사랑은 허다한 죄를 덮느니라. 서로 대접하기를 원망 없이 하고. 각각 은사를 받은 대로 하나님의 여러 가지 은혜를 맡은 선한 청지기 같이 서로 봉사하라. 만일 누가 말하려면 하나님의 말씀을 하는 것 같이하고 누가 봉사하려면 하나님이 공급하시는 힘으로 하는 것 같이하라 이는 범사에 예수 그리스도로 말미암아 하나님이 영광을 받으시게 하려 함이니 그에게 영광과 권능이 세세에 무궁하도록 있느니라. 아멘."

하나님께서 사도 베드로를 통해 말세를 살아가는 그리스도인에게 선포하고 당부하는 말씀이다. 말세는 예수님의 초림(출생)부터 재림 때까지를 말한다. 이 말씀은 말세를 살아가는 하나님의 자녀들이 어떻게 살아가야 할 것인가를 구체적으로 교훈하신 말씀이다 ①정신 차려 기도하라. ②서로 사랑하라. ③서로 대접하라. ④은사대로 봉사하라. ⑤말과 봉사에 생색내지 말라는 것이다. 정말 현시대를 살아가는 그리스도인들의 행동규범이라 사료 된다. 즉 기도, 사랑, 대접, 봉사, 말조심은 신앙생활의 덕목이요 규범이라 여겨 평소에 즐겨 읽으며 설교 본문으로 삼았던 구절이기도 하다.

필자는 비록 크게 성공한 인생이거나 훌륭한 목회자는 아니었다. 다만 나름대로 낮은 자세로 살아왔다. 더 정확히 말하면 바보 같고 어린애처럼 살아왔다는 말이다. 남의 것 탐내지 않았고 오르지 못할 나무 쳐다보지도 않고 살았다. 필자도 사람인데 왜 높고 큰 이상이 없었을까마는 어린 시절의 가난과 만학으로 인한 낮은 자존감에다 사업 실패로 처절한 삶의 고통을 통해 교만과 욕심이 얼마나 무서운 결과를 초래하게 되는지 깨달았기 때문이었다. 만물의 마지막이 가까울수록 그렇게 살고자 노력하고 있다.

PART8

여덟 번째 복:

칭찬(praise)

칭찬이란 보약은 미소를 담아내는 샘물이요,

활력을 불어넣는 영양제요,

상대방에게 먹일 수 있는 최고의 보약이며,

밑천 한 푼 들이지 않고 지을 수 있는

명약 중 명약이다.

칭찬이란 무엇인가?

칭찬(praise)은 좋은 점이나 착하고 훌륭한 일을 높이 평가할 때 쓰는 말이다. 그러므로 아첨이나 빈정거림이 아니라 자신의 솔직한 감정 표현이 되어야 한다. 그러기 위하여 칭찬받을 만한 일에 대해 칭찬해야 하며 구체적인 행동에 대해 칭찬해야 한다고 지식백과는 밝히고 있다.

그뿐만 아니라 칭찬을 들으면 기분이 좋아지고 관계가 원활해지며 더 열심히 하게 되고 칭찬하는 자신의 기분도 좋아지는 특징을 가지고 있다.

그리고 칭찬의 방법으로는 열심과 노력하는 점을 찾아 칭찬하고 잘하는 점과 잘한 일에 대해 자신의 느낌을 말하고 고마운 점을 "덕분에"같은 말을 넣어 칭찬하는 것을 권하고 있다. 또한 칭찬을 듣고 반드시 고마움과 상대방을 칭찬해 줌은 물론 겸손한 태도로 대답해야 한다.

칭찬할 때 주의할 점은 잘못을 함께 지적하지 말아야 하고 진심이 담기지 않은 칭찬이나 부풀려진 칭찬과 표정과 목소리 그리고 행동이 상황에 어울리도록 하는 것이 매우 중요하다는 것을 명심해야 한다.

칭찬의 중요성

∙∙∙

칭찬이 가장 훌륭한 교육수단이고 대인관계 성공의 비결임을 알면서도 잘 실천하기 어렵다. 의도적으로라도 노력하여 가정과 직장 언제 어디서나 칭찬하면서 고래도 춤추게 하는 삶이 되었으면 한다. 『칭찬은 고래도 춤추게 한다』의 저자 캔 블랜차드는 무게 3톤이 넘는 고래가 관중들 앞에서 멋진 쇼를 펼쳐 보일 수 있는 것은 고래에 대한 조련사의 긍정적 태도와 칭찬의 결과라고 한다. 모두가 긍정적 태도로 칭찬하고 싶어 하지만 현실에서 긍정적 태도와 칭찬의 중요성을 제대로 알고 실천하는 사람은 드물다.

칭찬이란 보약은 미소를 담아내는 샘물이요, 활력을 불어넣는 영양제요, 상대방에게 먹일 수 있는 최고의 보약이며, 밑천 한 푼 들이지 않고 지을 수 있는 명약 중 명약이라고 한다. 더욱이 부부간의 칭찬은 그 효과를 배가시켜, 인삼 녹용 산삼이 들어간 보약보다도 효과가 빠른, 만병통치약이다. 칭찬은 '사랑의 촉매제'인 동시에, '사랑의 묘약'임에 틀림이 없다. 참 놀라운 것은 칭찬은 칭찬한 대로 그 사람을 만들어 버린다는 사실이다. 이것이 바로 칭찬의 힘이라는 것이다. 앞에서 말씀드린 대로, 우리가 살아가면서 사용해야 할 가장 놀라운 사랑의 기술은 바로 상대방을 열심히 칭찬해 주는 것이다.

칭찬의 방법
....

    칭찬거리를 10배로 증폭해 말하라 그 효과는 100배로 늘어난다.

    칭찬은 잘 아는 사람에게만 하는 것이라는 생각을 버려라, 나 이외의 모든 사람은 고객이고 고객에게 칭찬은 꼭 필요한 것이다.

    칭찬의 효과를 기대하려면 먼저 신뢰받는 사람이 돼라 믿음 없는 사람의 소리는 한 귀로 듣고 한 귀로 흘린다.

    칭찬할 때는 자연스러운 분위기에서 하라 조작된 분위기는 칭찬의 효과를 반감하게 된다.

    없는 사실을 있는 것처럼 하지 말라 오히려 간신으로 몰릴 수 있다.

    칭찬할 때는 반복해서 하라 10번 찍어 안 넘어가는 나무 없다는 속담을 상기하라 할 때마다 상승효과가 나타난다.

    상대방이 기분 좋을 때 칭찬하라 저기압일 때 하는 칭찬은 오히려 역효과를 초래한다.

    상대방의 가족 친지 고향 출신교 등 관계있는 것에 대해 칭찬하라 기대 이상의 효과가 나타난다.

진심으로 칭찬하라 건성으로 하는 칭찬은 부아를 나게 할 뿐이다.

이왕 칭찬하려면 제삼자를 통해서 하라 당구의 스리쿠션처럼 월등히 높은 점수를 얻게 된다.

칭찬(稱讚)은 귀로 먹는 보약(補藥)이다, 그 사람 귀에 들릴 수 있는 말로 칭찬하라. 비판(批判)도 칭찬처럼 해보라, 사람은 감정의 동물이다, 내 감정을 싣지 말고 있는 그대로를 칭찬하라.

칭찬과 아부(阿附)를 구분하라 칭찬은 과장하지 않는다, 그러나 아부는 과장되게 혹은 사실과 동떨어진 것을 미화시킨다.

좋은 칭찬은 때와 기회가 중요하다 경우에 맞는 칭찬은 금상첨화(錦上添花)이다.

말로만 칭찬하지 말고 온몸으로 칭찬하라 행동이 곁들인 칭찬이 사람을 감동하게 한다.

한 번 책망(責望)하면 아홉 번 칭찬하라 책망이 마음의 상처라면 칭찬은 상처(傷處)를 싸매는 약이다.

가족들의 '칭찬의 날'을 정해보라 칭찬의 일기를 쓰는 것도 좋다.

결과보다 노력하는 자세를 칭찬하라 결과도 중요하나 과정은 더 중요하다.

사소한 일부터 칭찬하라 구체적인 칭찬은 사람을 겸손(謙遜)하게 만들지만, 입에 붙은 칭찬은 사람을 교만(驕慢)하게 만든다.

공개적으로 칭찬하라 칭찬은 자부심(自負心) 긍지(矜持) 새로운 삶으로 나아가는 원동력이다.

칭찬의 지혜

....

(1) 소유가 아닌 재능을 칭찬하라. "넥타이가 참 멋있어요?"라는 말보다 "역시 과연 감각이 탁월하시네요."라고

(2) 결과보다는 과정을 칭찬하라. 褙등을 했다면서요?"보다 그동안 얼마나 피눈물 나는 노력을 했겠어요."라고

(3) 타고난 재능보다도 의지를 칭찬하라. "머리 하나는 타고났어요."보다는 "당신의 성실성을 누가 따라가겠어요."라고

(4) 나중보다는 즉시 칭찬하라. "참. 지난번에?'라는 과거의 칭찬 백번보다 "오늘 이러저러하셨군요?"라고

(5) 큰 것 보다는 작은 것을 칭찬하라. 별것 아닌 일에도 "음~"과 "와우!"같은 감탄사로

(6) 애매한 것보다 구체적으로 칭찬하라. 막연히 "참 좋은데요."보다 "넥타이 색깔이 가을 분위기에 잘 어울려요."

(7) 사적보다 공개적으로 칭찬하라. 칭찬할 때는 혼자보다는 적어도 셋 이상의 자리가 낫다. 특히 장본인이 없을 때 남긴 칭찬은 그 호응 가치가 2배가 된다.

(8) 말로만 그치지 말고 보상으로 칭찬하라. 언어적 수단에만 머물지 말고 물질적 보상이 따르는 순간 명품칭찬이 된다.

(9) 객관적인 것보다 주관적으로 칭찬하라. "참 좋으시겠어요."보다 동감의 뜻으로 "제가 더 신바람 나더라고요."

(10) 남을 칭찬하면서 가끔 격조 있게 자신도 칭찬하라. 자신을 업신여기면 누구도 나를 높이 생각하지 않는다. "이번엔 정말 멋있었어. 나도 잘했지?"

(11) 거울은 앞에 두어야 하고 등받이는 뒤에 두어야 하듯이 잘못은 "앞에서 말해야 하고 칭찬은 뒤에서 해야 한다.

칭찬의 효과

....

필자는 칭찬받는다는 것이 이렇게 좋은 것임을 80세가 되어서야 깨닫게 되었다.

사실 철들기 시작한 후 칭찬받은 적이 별로 기억나지 않는다. 실제로 칭찬받지 못해서인지 아니면 칭찬받고도 망각한 것인지는 확실치 않다.

그도 그럴 것이 어린 시절 학교 성적이 뛰어났다거나 특별한 재주나 남다른 선행한 일이 없었기에 칭찬받을 만한 동기부여가 없었던 것 같다. 핑계를 대자면 중학교를 3년이나 늦은데다 공부나 선행할 만한 환경적 요건이 부실했던 것이 사실이었다.

다만 운동에 소질이 있었든지 초등학교 시절부터 운동회 때 개인전 달리기나 반 대항에서는 매번 1등을 했었고 중고등학교 때는 시내 학교 대항 연합 육상대회, 영호남 배구대회, 전국체전 배구대회에 출전했을 만큼 운동선수로 장학금을 받고 공부할 수 있었다. 특히 너비 뛰기, 높이 뛰기 등 육상대회에 출전하여 1, 2등을 하기도 했다.

중학교 시절에는 교내 탁구대회에서 우승도 했었고 고등학교 때에 영호남 배구대회 우승으로 선생님들과 전교생에게 칭찬받은 때가 있었다. 그러나 엄밀히 말하면 학급이나 학교 대표로 출전한 것으로 개인적 칭찬이라고는 할 수 없다. 그 외에 박수받은 기억은 면 대항 노래자랑에서 넷째 누나가 2등을 했고 필자가 3등을 해 박수받은 적이 있고 여수경찰서와 호남정유㈜ 대결 노래자랑에서 참가자들의 박수를 받은 적은 있다.

다만 우리 어머니만은 늘 개인적인 칭찬을 해 주셨다. 어머니의 진정한 사랑의 칭찬이 필자의 인생길을 탈선하지 않도록 막아 준 마지막 보루였다고 생각한다. 고등학교 2학년 겨울방학 때 어머니가 소천하셨고 가정 형편상 대학 진학을 포기하는 순간부터 신상에 문제가 발생하기 시작했다. 당시 유행하던 칠성파, 풍운아파 등 각종 폭력 써클들이 난무하던 시절 규율부장이자 덩치도 큰 필자를 그냥 둘리 없었다. 자의 반 타의 반으로 칠성 클럽㈜에 가담하여 활동하면서 시내 학교 규율부장들끼리 만나 소위 한판 붙는 것이다. 때로는 학교 대항 패싸움이 되기도 했고 이성 문제 등으로 깊은 수렁에 빠지기도 했다. 보장되지 못한 장래 문제로 고민하며 현실 도피적 삶에 빠져 자칫 나쁜 길로 빠질 수 있었다. 그때마다 우리 어머니의 사랑과 칭찬을 상기하며 잘못된 길로 빠지지 않을 수 있었다. 함께 하던 친구들은 속칭 깡패, 도벽, 도박 등으로 교도소 출입하면서 일생을 망친 친구들도 있다.

우리 어머니 생전에 필자를 향한 당부의 말씀이다. "먹을 가까이
하면 검게 된다. 나쁜 애들과 놀지 말아라.", "남을 때린 놈은 쭈그려
자고 맞은 놈은 뻗고 잔단다.", "예수 잘 믿고 기도하면 하나님이 너
희들에게 큰 복을 주어 쌀밥을 실컷 먹을 수 있게 하신단다.", "너는
이 에미(엄마)가 세상에서 가장 귀하게 키웠으니 반드시 성공할 것이
다."라고 늘 격려해 주셨다. 우리 어머니는 천국 여행 떠날 때까지 필
자 외에도 자식들에게나 누구에게도 단 한 번도 화내시거나 욕설이
나 언성을 높여 꾸짖지 않으셨다. 그런 어머니의 칭찬이 잘못된 인생
길에서 돌아설 수 있었다. 그러다 보니 어머니 돌아가신 지 60년이
지나도록 모정을 잊지 못해 늘 그립고 눈물겹도록 사무치는 것이다.

필자는 은퇴한 지 10년이지나 80세가 되면서 우연히 책을 써보
고 싶었다. 고도원의 아침편지와 책 쓰기 코칭 전문가 박성배 박사를
통해 누구든지 작가가 될 수 있다는 강의를 듣고 책 쓰기에 도전하
게 되었다. 『늦깎이 목사의 목회여담』이 그것이다. 전문성이나 교훈
적인 내용보다 여담으로 가볍게 읽을 수 있는 자서전에다 목회와 일
상에 관해 평범하게 쓴 책이다. 필자의 성장 과정, 성공과 실패 등 하
나님 은혜로 늦깎이 목사가 된 내력을 여과 없이 쓴 책이다. 이 책
은 판매할 목적이 아니었다. 육순환갑(六旬還甲)과 칠순고희(七旬古稀)

를 자축하지 못한 서운함에 팔순(八旬)만은 꼭 베풀고 싶었고 그때 모실 하객들께 감사의 마음을 담아 선물로 기증하고픈 생각으로 쓴 것이다. 그도 복이라고 원치 않은 코로나19 팬데믹(pandemic)으로 팔순 잔치를 1년 후로 미뤘으나 2년이 지난 지금까지도 코로나 사태가 끝나지 않아 아무래도 88세 미수(米壽) 잔치를 베풀 수 있도록 생명의 주관자이신 하나님의 섭리를 기대해 본다. 졸작을 서점과 인터넷에서 판매하고 나머지는 지인들에게 선물했다.

필자는 책 한 권을 출간하고 지금까지 받지 못했던 과분한 칭찬을 받으면서 "칭찬은 고래도 춤추게 한다."라는 책에서처럼 필자 자신이 춤출 수 있는 충분한 동기부여가 되었다. 첫 출간작 『늦깎이 목사의 목회여담』의 독자들께 감사를 드리며 특히 추천 시와 추천사 그리고 문자로 칭찬해 주심을 영원히 기리고자 다음 장에 여과 없이 기술해 두었다. 출간할 본서 『늦깎이 목사의 100세 시대 팔복』을 통해 더 많은 칭찬을 기대하며 "고맙습니다. 감사합니다."라는 감사의 인사를 드린다.

칭찬은 동서고금, 남녀노소, 유·무식을 불문하고 모두가 원하는 것이다. 필자는 지난 세월을 뒤돌아보며 필자 자신이 칭찬하는 것에 인색했음을 깨닫고 깊이 후회하고 있다. 특히 누구보다도 가족들에게 그렇다. 그래도 아내와 자식들이 남편과 아비로 여겨 준 것 감사하고 다행으로 여긴다. 굳이 핑계를 대자면 가부장 제도가 팽배했던 시대적 배경에서 낳고 자란 구시대적 관습이라고 이유를 대 본다. 얼마 남지 않은 여생에는 칭찬에 인색했던 삶을 지양할 것을 재차 다짐해 본다.

칭찬의 역효과

현대사회를 정보의 홍수 시대라 한다. 칭찬이란 주제만 보더라도 칭찬은 많이 할수록 좋다는 정보가 홍수를 이루지만 한편으로는 칭찬의 역효과에 대한 정보들도 많음을 볼 수 있다. 즉 '칭찬은 많이 할수록 좋다 vs 칭찬은 적게 해야 한다'라는 의견이 상담전문가들조차 다르다는 데 문제가 있다.

필자는 전장에서 칭찬의 효과에 대해 직접 느낀 경험을 소개했었다. 학창 시절에 가정 형편상 대학 진학을 포기한데다 학교 폭력 써클 가담과 갑작스러운 어머니의 죽음으로 타락할 뻔했지만, 어머니의 칭찬과 격려를 되새기며 잘못된 길로 빠지지 않았음을 간증했다. 지금도 칭찬의 역효과보다 칭찬의 효과적인 면을 더 치중하는 것이 사실이다. 다만 여기에 칭찬의 역효과에 대해 논하는 것은 잘못된 칭찬에서 오는 결과에 대비하고자 하는 뜻에서 기록하는 것이다.

우리나라 부모나 선생님들조차 청소년들의 행동에 대한 과정에는 칭찬이 없고 결과만 좋으면 칭찬하는 잘못된 칭찬문화에 빠져 있다는 것이다. 다시 말하면 노력하는 과정을 칭찬하기보다 cunning(컨닝,부정행위)을 해서라도 성적만 좋으면 되고 대학에 입학만 할 수 있으면 그 결과만 보고 칭찬하는 우를 범하고 있다. 자식을 과잉보호 내지 내 자식만 잘되면 된다는 이기심에 따라, 과정은 없고 결과만 만족하면 칭찬하는 우를 범하는 것이다. 노력의 대가, 즉 과정의 수고로움에 대한 칭찬은 없고 결과만 좋으면 만족이라는 칭찬 때문에 조금만 잘못된 시험 점수나 대학과 취직시험합격 여부에 따라 심적인 압박을 받아 극단적인 선택을 하게 된다. 그 결과 청소년들에게 웃음보다 우울감이, 행복보다 불행의 늪으로 빠지는 결과가 점점 표출되고 있다. 그러므로 결과만 좋으면 된다는 식의 칭찬문화에 가정교육을 책임지는 부모들과 학교 교육을 담당하는 선생님들의 칭찬에 대한 이해와 칭찬의 중요성, 칭찬에 대한 효과와 역효과를 터득하여, 과정은 없고 결과만 칭찬하는 우를 범하지 않아야 한다. 부모와 선생님들의 말 한마디가 자라나는 아이들의 인생을 바꿀 수 있다. 우리는 칭찬의 효과만 생각하고 칭찬에 목말라 하지만 칭찬의 역효과도 무서운 결과를 초래할 수 있음을 각성해야 할 필요가 있다.

특히 성장기의 아이들에게 칭찬과 함께 훈육이 깃들어야 한다. 가정과 학교에서 칭찬만 있고 잘못을 지적하는 훈육이 없는 관계로 청소년들의 심성이 유약하여 약간의 훈육과 시정 요구에도 응하지 못하고 폭력적 대응과 극단적 선택이 문제로 표출되고 있다. 가정에서

나 학교에서 체벌은 용납될 수 없다. 다만 사랑을 전제한 훈육과 시정 독려를 통해 잘못을 깨닫게 하여 건전한 인격체로 성장시켜야 함이 마땅하다 할 것이다.

칭찬은 고래도 춤추게 한다고 하지만 잘못된 칭찬은 고래를 바다 위 수면에서 볼 수 없게 만들지도 모른다. 아이에게도 좋은 칭찬이 어떤 것인지, 역효과 나는 칭찬이 어떤 것인지 잘 알고 칭찬해 주는 것이 매우 중요한 일인 것 같다.

칭찬의 실제

(1) 남편이 듣고 싶어 하는 칭찬

"당신만 생각하면 마음이 든든해요!"

"오늘 참 애쓰셨어요!"

"당신은 옷걸이가 좋아서 무슨 옷이든지 잘 어울려요!"

"우리 아이들이 뭐라고 하는 줄 아세요? 이 세상에서 당신을 제일로 존경한 대요!"

"우리 아빠같이 잘생긴 사람이 없데요!"

"내가 당신을 만나지 못했다면 어떻게 됐을까를 생각하면 지금도 아찔해요!"

"이 세상에 당신 같은 사람은 아무도 없을 거예요!"

"당신은 무엇이나 잘 먹어 주어서 얼마나 고마운지 몰라요!"

(2) 아내가 듣고 싶어 하는 칭찬

"나의 일생에 최고의 선택은 바로 당신이야!"

"다시 태어나도 당신과 함께 살았으면 좋겠어!"

"오늘 힘들지 않았어! 당신 내조 때문에 내가 살고 있어! 고마워!"

"직장에서 큰소리치고 사는 사람은 나밖에 없을 거야!"

"당신 음식 솜씨는 꼭 장모님을 닮은 것 같아!"

"당신 모델로 나가도 되겠어!"

"당신 정말 멋있어!"

"너무나 매력적이야!"

"당신을 쳐다보면 포근한 어머니 생각이 나!"

(3) 필자를 춤추게 한 칭찬

<첫 번째 책 『늦깎이 목사의 목회여담』을 중심으로>

1) 추천 詩: 박춘환 목사님을 위해(고훈 안산제일교회 원로 공로목사, 시인)

석양의 해는 머물 수 없기에 노을로 아름답게 불타고 있습니다.

주님 위해

남은 생애 다 드렸으니

이 땅 어디에도

당신 이름은 없습니다.

선교사가 갖고 온 청교도 신앙
조부 박노화 장로 외조부 김순권 장로
외숙 김형모 목사로부터 받아
손양원 목사 순교 피 흐르는
여순 땅에서 숨 쉬고 자란
가난했으나 복된 자손이여

10여 년 민중의 지팡이
10여 년 기업 경영자
실패의 은총으로 배설물처럼 버리고
43세에 주의 종으로
모세처럼 부름 받아
오늘에 이르셨으니
은혜 위에 은혜입니다.

한국선교 2세기
그런데도 어두운 이 땅에
신앙 5대를 이어오는
실로

경건하다 거룩한 족장이여

당신은

늦어도 아직 늦지 않았습니다.

오늘도

당신 석양의 해는

머물 수 없기에

노을로 아름답게 불타고 있습니다.

2) 추천사

▶ 신용호 목사 (여수동광교회 원로, 전국 은퇴목사회장)

『늦깎이 목사의 목회여담』 저자 박춘환 목사님의 삶을 지켜주신 하나님의 은혜가 이렇게 감사할까?

50여 년 전, 뵈었던 청년 사업가 시절부터 집사 장로 신학교추천 까지 요소요소 지켜보고 기도했던 친구 같은 당회장이요 멘토 역할 을 했습니다.

'늦깎이 목사의 목회여담'이라니 옆에서 보고 들으며 지켜보았던 사람으로 박 목사님 일생이 참 장하고 장합니다, 축하드립니다.

한 인생이 이렇게 파란만장한 꿈같은 간증과 현실의 성공적인 삶 을 축하하다니 저로서도 영광입니다. 이 글을 접한 모두에게 은혜가 되고 길잡이가 되기에 풍족할 것입니다. 오랜 날 지켜보았던 저로서 저자와 모든 독자께 나의 힘이 되신 여호와여 내가 주를 사랑하나이다 라는 고백과 아울러 건강하시고, 하나님의 축복을 빕니다.

▶ 남기탁 목사 (부천 복된 교회 원로, 부천노회 원로 공로)

박춘환 목사님의 회고록 『늦깎이 목사의 목회여담』 출간을 진심으로 축하합니다. 회고록은 본인 외에는 결코 쓸 수 없습니다. 설령 대필한다 해도 진실이 없어 전혀 감동을 주지 못하는 글이 되지요. 그러나 박춘환 목사님은 모든 면에 실력가요 다재다능하신 목사님답게 지나온 삶을 진솔하게 표현했기에 많은 감동이 됩니다.

제가 현역 목회 시에는 박춘환 목사님을 깊이 알지 못했습니다. 제 목양에 진력하느라 주위의 그 누구도 깊이 있게 돌아볼 여유가 없었습니다. 제가 담임한 교회뿐만 아니라 노회 소속 300여 분의 목사님들과 수많은 장로님 그리고 여러 기관에 속한 분들이 많았기 때문이었습니다.

사실 박춘환 목사님도 제가 속한 부천노회 시안 시찰 한사랑교회를 시무하고 계신 목사님이란 것과 참 젊잖은 목사님이라는 점만 알고 있었을 정도였습니다.

그러나 피차 현역에서 은퇴 후, 은퇴목사회원으로 자주 만나고 보니 지금은 이런 훌륭한 실력자를 바쁘다는 이유로 깊이 사귀지 못했음을 아쉬워하며 친교하고 있습니다. 사모님께서도 미혼 시절부터 새벽기도회를 빠지지 않은 열심 있는 신앙의 소유자시며, 아드님도 일류대학을 나와 목사로 성공적인 사역을 하고 있습니다. 한마디로 박 목사님 부부는 영성으로 잘 다져진 내외간이라 할 수 있습니다.

박춘환 목사님은 사회에서 다방면에 활약하신 경험으로 지식과 정보에 남다른 실력을 소유하신 분입니다. 저보다 신학교가 늦어 늦깎이 목사가 되었지만 연세로는 저보다 두 해나 앞선 분이고, 하루도 빠짐없는 자전거 주행으로 건강을 관리하여 저보다 열 배나 강한 분입니다. 지도력도 대단하셔서 우리 부천노회 은퇴목사회장을 무려 3년이나 만장일치로 연임하고 계십니다. 그뿐 아니라 전국 은퇴목사회 임원으로도 활동하고 계십니다.

모든 서적 중 읽기에 가장 매력 없는 책이 회고록입니다. 그런데 박춘환 목사님의 책『늦깎이 목사의 목회여담』은 사실적이며 재미도 있어 누구라도 한 번 책을 쥐면 손에서 놓지 않고 끝까지 읽을 수 있습니다. 그때 그 시절에 있었던 웃지 못할 사건들을 유쾌하게 묘사한 부분도 있고, 박장대소할 만큼 화끈한 이야기도 있습니다. 설교, 성경 속 인물들의 삶, 100세 시대를 열정적으로 사는 분들의 소개, 그리고 은퇴 후 여가생활도 생생하게 기록했습니다.

좌우지간 박춘환 목사님의 회고록을 읽으시는 분마다 복된 삶을 사시기를 바랍니다. 많은 분께 이 책을 정중히 추천합니다.

▶ 김병훈 목사 (총회부흥전도단 대표회장)

깊은 감동과 은혜가 가득한 책을 여러분께 추천합니다. 하나님의 부르심을 받아 세상 것 다 뿌리치고, 평생 주님. 교회. 양 떼만 섬기고 살다가, 교단 헌법에 따라 정년 은퇴한 목사가, 일생을 통해 직접 겪고 체험한 뒷이야기를 글로 남긴다는 것이 얼마나 보람 되고 의미가 깊은 일입니까?

이 책은 박춘환 목사님이 다섯 가지 주제로 내놓은 목회여담입니다. 박춘환 목사님은 복음적인 목회자였습니다. 긍정적이고 낙천적이었습니다. 약자에 대한 배려도 갖추었습니다. 돌봄과 섬김이 뛰어났습니다. 복음의 열정을 품고 인도하는 부흥회는 참으로 뜨거웠습니다. 간증이 이어졌습니다. 총회부흥전도단, 서울부흥전도단, 총회 부흥 사역연구회의 활동도 뛰어났습니다.

박춘환 목사님의 『늦깎이 목사의 목회여담』 출간을 진심으로 축하드립니다. 깊은 감동이요 은혜입니다. 이 책의 일독을 권합니다. 목사님의 노후와 후손들에게 하나님의 은혜가 충만하시기를 기도합니다.

▶ 박성배 박사 CBS 방송아카데미 교수

일평생의 삶과 목회 사역을 기록하다.

박춘환 저자님의 『늦깎이 목사의 목회여담』을 읽으면서 적지 않은 것 감동하였습니다. 책을 써야지 하고 결심하기는 쉬우나 초고 원고를 완성하기는 쉽지 않다는 것이 책 쓰기 코칭 전문가의 경험입니다. 그런데 박춘환 저자님은 본인이 회장으로 있는 부천노회 은퇴목사회 주관 책 쓰기 특강 강좌에서 저의 이야기를 듣고 바로 원고를 쓰기 시작했고 이내 완성하였습니다. 우선 그 열정과 인내심에 박수를 보냅니다. 그리고 일평생의 삶과 목회 사역이 어우러진 멋진 작품인 이 책의 출간을 진심으로 축하드립니다.

『늦깎이 목사의 목회여담』을 감동 가운데 읽으며 몇 가지 점에서 추천의 말씀을 드리고자 합니다.

첫째로, 박춘환 목사님의 삶과 목회가 이렇게 기록됨으로써 역사가 된 점입니다. 누구나 한 번의 인생을 살다 가지만, 삶을 기록으로 남기는 사람은 많지 않습니다. 삶의 조각들은 기록될 때 비로소 역사가 되는 것입니다. 박춘환 목사님의 책은 개인의 삶과 목회 사역을 기록하여 역사화 했다는 점에서 큰 의미가 있습니다.

두 번째로, 이 책은 내용이 알차게 구성되어 있습니다. 어머니와 아버지를 향한 진솔한 고백과 편지를 읽으며 감동의 눈물을 흘릴 수밖에 없었습니다. 목회 여정의 설교, 성경 속 인물들의 이야기, 100세 시대의 행복론, 은퇴 후의 열정적인 삶도 누구나 공감할 수 있는 좋은 글입니다. 목회자 정년은 70이지만, 인생과 목회자의 삶에는 은퇴가 없습니다.

세 번째로, 이 글을 읽는 독자 여러분께 박춘환 저자처럼 책 쓰기에 도전해보시라고 말씀드리고 싶습니다. 저는 박춘환 목사님이 이 책을 쓰신 것이 정말 잘하신 일이라고 말씀드리고 싶습니다. 작가 장폴은 "인생은 한 권의 책과 같다."라고 말했습니다. 박춘환 목사님은 한 번뿐인 인생을 멋진 책이라는 작품으로 만들어내셨습니다. 이 글을 읽으시는 독자 여러분도 내 인생을 한 권의 책으로 써 작품으로 남기는 일에 도전해보시기를 권면해드립니다.

끝으로, 다시 한번 박춘환 목사님의 『늦깎이 목사의 목회여담』을 기쁨과 감사의 마음으로 적극적으로 추천합니다. 원고를 받아보고 여러 번 읽어보면서 '참 내용이 좋고 유익하다'라는 생각했습니다. 아무쪼록 이번에 책을 펴내시는 박춘환 목사님의 삶이 더 복되기를 바랍니다. 이 책을 읽으시는 독자 여러분의 삶에도 하나님의 은총이 가득하시기를 바랍니다.

3) 독자 후기

▶ 박병돈 목사(조성교회 원로, 순서 노회 공로목사, 부흥사)

정말 축하하네. 읽고 너무 감동하였네. 내용에 내 이름을 기록해 고맙기는 하나 쑥스럽기도 하네. 자네다운 귀한 저서일세. 정말로 축하하네. 은혜가 되어 두 번째 읽고 있네.

▶ 최용호 목사(수원신명교회, 전 관악노회장, 세계부흥협의회 공동회장)

감사합니다, 작가님. 오늘도 타인의 마음을 즐겁게 해주는 단풍잎처럼 화사하게 웃으면서 그리스도를 누리는 복된 여생 되시기를 기도합니다.

▶ 김동수 목사(일심교회 원로, 전 서울부흥전도단장, 시인)

박춘환 목사님께서 심혈을 기울여 쓰신 『늦깎이 목사의 목회여담』은 지난날에 대한 진솔한 고백이요 전능하신 분에 대한 감사이며 뜨거운 신앙고백이었습니다.

인생은 자기만이 가지고 있는 재료를 가지고 삶을 만드는 요리사라 할 수 있습니다.

요리사가 값어치 있는 음식을 만들어내려면 무엇보다 재료가 좋아야 합니다.

인생도 자기 분야에서 성공하려면 가지고 있는 재료가 무엇이냐에 따라 달라집니다.

영적 능력과 겸손과 지혜와 분별력과 사랑 등 귀한 재료를 가진 자는 바로 거기에서 나오는 향기를 나타냅니다.

박 목사님은 전도사님이셨던 조부와 의무교육 시대의 교사셨던 부친으로부터 가장 귀한 인생 재료를 전수하여 그 자료를 사용하심으로 성공적인 목회자의 발자취를 남기셨습니다. 목회를 성공시키는 것은 재료를 골고루 가지고 계신 분입니다.

우리 예수님께서도 처음 기적으로 물이 변하여 포도주가 되게 하실 때 물이라는 재료를 사용하셨습니다.

내가 박 목사님을 처음 만난 때가 목사님이 황금교회에서 목회하실 때였습니다. 그때 내가 한 주간 부흥회를 인도할 때 그때 이미 목회에 성공케 할 수 있는 귀한 인생 재료들을 가지고 계셨음을 볼 수 있었습니다. 목사님 위 네 분의 누나들과 어머님의 사랑이 그대로 몸에 젖어있음을 느끼게 해주시는 분입니다. 소임을 마치고 물러난 목회자들이 많습니다만 넉넉한 자랑을 만들어 낸 분들은 그렇게 많지 않습니다. 목사님의 성공적인 목회 생활과 노후의 삶을 부러워하며 진심으로 축하를 드립니다.

▶ 전용만 목사(성신교회 원로, R.O.T.C기독장교회장, 전 총회부흥전도단장)
『늦깎이 목사의 목회여담』을 정독을 했어요. 어린 시절 발자취를 사진과 함께 잘 정리하셨네요
"보고 싶은 어머니"눈물 나지요. 더구나 일찍 천국 가셨으니.
저도 어머니께서 일찍 가셔서 지금까지도 그리움 속에 잊을 수가 없어요.
요셉 모세 욥 다윗 바울 춘환으로 연결된 인생이었으니
멋진 인생
귀한 인생
보람된 인생
영광스러운 인생
아름다운 인생
성공적인 인생
주님과 동행한 인생

행복한 인생입니다.

감동적인 내용도, 고생스럽고 눈물겨운 이야기도, 우리에게는 모두 실감이 나는 사연들이지요. 잘 읽었어요.

▶ 김만기 목사(성목교회 원로, 전 평북 노회장, 작가)

책 받아서 59page까지 읽었음, good!

친구를 생각하는 날! 이 기막히게 좋은 날. 다시는 오지 않을 이 날도 저무는데 자주 보지도 못하고 이렇게 살아가네. 나훈아가 애써 부른 노래 "테스형"을 배워서 언젠가 혼자 불러봐야지.

健康하시고 平安하시고 幸福하시기를 마음껏 祈願합니다. 샬롬!

▶ 우제돈 목사(서울 상원 교회 원로, 전 총회부흥전도단장)

귀한 책을 읽고 참 은혜를 받았소. 그간 내가 박 목사님께 너무 소원하게 대한 것을 미안하게 생각합니다. 저의 아버님 생전에 박노화 장로님에 대한 말씀과 김형모 박사님에 대한 말씀들을 종종 들었는데 박 목사님의 조부님과 외조부님과 외숙 되심을 이제야 알게 되었소. 매산 출신인 것과 여수 동광교회 장로님 출신인 것도 이제야 알았습니다. 신용호 목사님과는 신학교 동기로 친한 입장인데 결례를 많이 했습니다. 참 귀한 분을 몰라봐 미안해요. 잘 지내봅시다.

▶ 이석권 목사(순천 성북교회 원로, 전 총회부흥전도단장)

수고하셨습니다. 아무나 하는 일이 아닌데 대단하십니다. 박 목사
님! 보내주신 옥서 잘 받았습니다. 잘 읽어보겠습니다. 수고가 많으셨
습니다.

▶ 유한규 목사(잠실제일교회 원로, 전 서울강동노회장)

박 목사님, 책 내시느라 수고하셨네요. 참 잘 쓰셨네요. 우리가 좀
더 일찍 알았더라면 얼마나 좋았을까 하고 생각해 봅니다. 아무쪼록
늘 건강하시고 자주 만납시다. 감사합니다.

▶ 지원재 목사(남광교회 원로, 공로, 총회부흥전도단장)

박춘환 목사님이 이번에 책을 만드셔서 많은 목회자에게 본보기
가 되었습니다. 남은 생애 건강하게 오래오래 사시기 바랍니다. 다른
사람들은 제 몸 하나 추스르기 어려운 때 『늦깎이 목사의 목회여담』
이란 특색 있는 제목의 귀한 책을 쓸 수 있음은 참 감사할 일이며 축
하드릴 일입니다. 늘 평안히 지내십시오. 지원재 드림.

▶ 임영만 장로(전 호신대 교수)

박춘환 목사님! 저는 교회음악과 교수로서 2009학년도에 황승룡
총장님과 함께 정년퇴임을 하고 지금은 명예교수로 있습니다. 1985
년부터 신학과에서 교회음악을 강의하다가 1988년 교회음악과 태

동과 더불어 전임교수로 부임하여 22년 동안 교수로 근무했으며 퇴임 후 4년 동안 명예교수로 강의하다가 70세가 넘어서는 강의는 하지 않고 여러 교회의 찬양대 헌신예배와 세미나 등을 인도하며 지내고 있습니다. 감사합니다.

▶ 정삼래 목사(여수온누리교회 담임목사)

형님, 출간한 『늦깎이 목사의 목회여담』 형님의 삶의 흔적이 묻어 있는 주옥같은 이야기에 책을 펴고 눈을 뗄 수 없어 바로 읽은 책은 제 생애에 형님 작품밖에 없는 것 같습니다. 사실 즉시 읽지 못하다가 조금 후에 펴들었는데 정말 은혜받고 도전도 받았습니다. 감사합니다. 은혜받은 만큼 구독료로 제 마음을 전하고 싶습니다. 계좌 좀 부탁드립니다.

형님 마음을 아우가 어찌 모르리오. 이미 고인이 되신 저의 큰 형님이 형님과 비슷한 연배인데 오늘따라 하늘나라에 계신 형님이 많이 그리워집니다.

아버지 같으신 형님이셨거든요. 그래서 춘환 형님께 저의 큰 형님께 하고 싶은 것을 조금이나마 대신하고 싶은 심정입니다. 형님, 아주 작지만, 형님을 존경하는 제 마음을 전합니다. 형수님과 오늘 점심 한 끼 하십시오. 형님, 감사합니다.

▶ 윤종수 목사(목포 한성교회 담임, 목포기독교문화연구소장)

박춘환 형님 어르신의 『늦깎이 목사의 목회여담』이란 책을 멀리서 택배로 받았다. 어르신 박춘환 목사님은 1988년 2월 호남신학교를 졸업하셨으니 저와는 동기셨다. 박 목사님은 박혁거세 69대손으로 밀양 박씨 규정공파 36세 손이시다. 박 목사님의 조부께서는 일찍이 미국 남 장로교 선교사들과 조사(전도사)로 구례 광의 교회를 시작으로 전남지역 여러 곳에 개척하는 목회자셨고 부친은 광의 초등학교 선생님이셨다. (중략)

조부님 때부터 하나님의 은총을 받으셨기에 훌륭하신 목사님이 되셨습니다. 여생이 더 큰 은총으로 자자손손 만사형통하시고 더 빛난 목사님과 사모님 되시기를 간절히 소원합니다. (중략) 귀한 책자 주셔서 감사합니다. 이 책자는 내 평생 내 서재에서 나와 함께 할 것입니다. 감사합니다.

▶ 박병준 목사(곡성읍교회 담임, 총회부흥전도단 총무)

목사님 건강하시죠? 귀한 선물 책을 잘 받았습니다. 늦깎이 목사의 목회여담 제목만 보아도 감동입니다. 감사합니다.

▶ 김광빈 목사(광영교회 담임목사)

감축드립니다. 책 쓰시느라 수고하셨습니다. 잘 보겠습니다. 주일 복되게 보내세요. 늘 사랑하고 존경합니다.

▶ 정향인 목사(곡성 원등교회, 원등복지쎈터장)

책 잘 받았습니다. 감사합니다. 일단 차례와 사진을 보며 감격입니다.
시간 내어 읽겠습니다. 건강하세요, 목사님 존경합니다.

▶ 이용진 회사원(서울 회사원)

안녕하세요? 우연히 책 제목이 '늦깎이'라는 문구에 이끌려 책을
구매 후 읽게 되었습니다. 신기하게도 책에 목사님 번호가 적혀 있어
혹시나 해서 문자 보냅니다. 공무원에서 사업가 그리고 목회자까지
우여곡절 많은 삶을 사셨지만, 지금의 삶은 훨씬 훌륭해 보이셔서 너
무 부럽습니다.

책을 읽으면서. 저도 청년이라 하지만 남들보다 뒤처지고 늦었다
는 생각에 괴로운 시간을 보내고 있는데 그때마다 이 책을 생각하고
힘내보겠습니다. 제 이름은 이용진이라고 합니다. 기회가 되면 기도
도 해주세요. 목사님 늘 건강하세요.

▶ 이용진 씨에게

어제 받은 메일에서 건전한 청년이 개인과 국가적 상황을 직시하
고 생업에 매진하고 있음에 조금 먼저 태어나 시대와 세대를 살아 본
사람으로 마음 든든하게 생각합니다. 과거 우리 세대 삶과 현대와는
국가적으로나 사회적으로 엄청난 gap이 있지요. 참 많은 것이 변화
되었다는 말입니다. 바라기는 귀하께서는 건전한 이상(꿈, 목표)을 가

지고 자기 현실에 최선을 다하면 반드시 행복을 느끼는 복된 삶이 있으리라 믿습니다.

더 귀한 것은 이 죄악이 관영한 시대에 신앙생활을 하신 것에 축하와 치사를 드립니다. 기도 생활 잘하시고 정직하게 잘 사시기 바랍니다. 귀하의 온 일생에 성 삼위 하나님의 은총이 늘 충만하시기를 기도드립니다. 늘 건강하세요. 샬롬.

▶ 이용진 회사원(서울 거주, 회사원 2021. 1. 28.)

기억해 주셔서 정말 감사합니다. 책을 쓰신 저자님이자 목사님이 직접 이렇게 문자를 보내주셔서 더욱 감사하고 힘이 납니다.

저도 목사님처럼 훌륭한 어른으로 성장할 수 있도록 노력하겠습니다. 오늘 날씨가 꽤 추운데 따뜻하게 옷 입으시고 감기 조심하세요. 늘 건강하세요.

▶ 오호윤 사장(서울고교 국어교사 40년 은퇴, 서평)

박춘환 목사님 저는 안산 시립 호수공원 수영장 단톡방에서 뵌 오호윤입니다. 목사님의 귀한 『늦깎이 목사의 목회여담』 책을 읽고 큰 은혜를 받았습니다. 하나님의 귀한 종을 크게 쓰시고 또 귀한 간증을 통해 은혜받게 하심을 감사합니다. 목사님께서 종종 우리 수영팀 어르신들과 자전거 타시는 소식도 듣고 부러웠습니다. 모두 노익장이시니 건강 축복이 대단하시더라고요. 저는 심장이 약해서 걷기나 수영뿐인데요. 목사님 저를 위해 기도 부탁을 드립니다. 목사님의 『늦깎이 목사의 목회여담』 독후감을 아주 간략히 소개해 드려도 될는지 여쭤봅니다. 저는 47년생으로 서울 공립고등학교 국어 교사 40년을 봉직하고 정년퇴임 후 서울 명성교회 안수집사로 30년을 섬기다가 12년 전 손자를 봐주기 위해 안산에 와서 안산 빛나교회를 출석하고 있습니다. 변변치 못한 집사이오니 목사님의 많은 기도 바랍니다.

수영장 어르신들께! 우리 수영장 어르신 중 가장 큰 어르신이신 박춘환 님께서 팔순 기념으로 지난해 2020년 10월에 책을 출간하셨습니다. 저는 최근에 책을 구매해 읽고 큰 은혜와 감동하였습니다. 하여 저만 감동하는 것이 안타까워 박 목사님께 허락받아 이 책을 간단히 소개합니다. 직접 읽으시고 감명받으시도록 간단한 서평으로 하겠습니다. 책 이름은 『늦깎이 목사의 목회여담』으로 렛츠북에서 간행했습니다. 자서전이요 목회 간증이기도 한 책입니다. 한마디로 파란만장 그 이상으로 사신 자서전이요 신앙 간증으로 평범한 우리들의 삶이 찻잔의 물결이라면 박 목사님의 삶은 태평양 위에 성난 사나운 파도를 딛고 오로지 하나님의 은혜로만 살아오신 주님의 큰 종이셨습니다. 팔순에도 자전거 주행으로 노익장을 과시하시고 금강 영산강 한강 낙동강 등 4대강과 국토 종주 그리고 그랜드 스램까지 달성하신 것에 그만 입이 짜~악 놀랐습니다. 심장병으로 겨우 수영과 걷기로 헉헉대는 저로서는 부럽기 짝이 없었습니다. 박 목사님은 타고나신 건강이 있어 그런 게 아니셨습니다. 젊어서부터 종합병원이란 몸으로 기흉(공기 감염증) 고혈압 당료 비만 심근경색으로 스텐트 3개를 삽입하는 시술과 무릎관절염에다 전립선염까지 앓고 계시던 차 의사의 권유로 주행하게 되었고 지금의 건강을 찾으셨다 합니다. 와~ 존경.

장로님이셨던 박노화 조부의 신앙을 따라 부친 박순규 선생님은 전남 구례 광의초등학교 교사셨습니다. 모태신앙으로 진짜 크리스천 가정에서 믿음 속에 자라나셨습니다. 목사님의 연대기를 보면 놀랄 노 자입니다. 교사직을 중단하고 사업을 하던 부친의 사업 실패로 중학교를 입학하자마자 중퇴해야 했고 시골에서 땔나무를 하며 공사판의 흙짐을 나르기도 하는 가난한 삶을 살다가 14세 때에 종조부께서 운영하시는 병원의 사환으로 숙식을 받으며 의술을 배우기도 하여 총각 의사라는 말을 듣기도 했었습니다. 17세가 되면서 중학교에 입학했고 중고등학교 때는 배구 축구 농구 탁구 등 운동 장학생으로 고등학교를 졸업할 수 있었습니다. 파란만장한 군대 생활하면서 주한 미 군사고문단 통역관으로 근무하기도 했습니다. 1995년 만기제대 후 전남 경찰학교에 입학하여 1966년에 경찰관으로 임명되었습니다. 보안과와 정보과 외사 형사와 대공 형사로 10년간 근무하고 퇴직하였습니다. 그 후 동성 항운 전무이사 신흥사료 대표이사 사장이란 직함을 가지고 신난 세속적 삶을 즐겼습니다. 세상의 부귀영화가 그에게 모이는 듯했습니다. 하지만 사업 부도로 모든 것이 일장춘몽이 되어 버렸습니다. 하나님께서 그냥 두셨겠습니까? 벼랑까지 몰린 끝에 죽기 위해 오산리 최자실 금식기도원에 들어가서 죽으면 죽으리라 기도하던 중에 "사명을 찾아라."라는 하나님의 부르심을 받고 드디어 1984년 호남신학대학교에 입학했고 그때 나이 43세, 늦깎이 신학생으로 입학하여 50세에 늦깎이 목사님이 되셨습니다. 목사님은 호남신학대학교 신학과와 장로회신학대학원 목회 연구과에서 공부했습니다. 졸업 후 Faith Theological Seminary에서 복음신학 석사와 United Theological Seminary 목회학 박사 학위를 취득했습니다. 박 목사님은 순천노회 황금교회와 서울남노회 한사랑교회와 부천노회 한사랑교회를 끝으로 은퇴했습니다. 은퇴 후 전국 은퇴목사회 임원과 부천노회 은퇴목사회장으로 섬기고 있습니다. 목회 은퇴 후 여가를 즐기시며 우리와 함께 수영, 자전거 주행하시며 국내외 여행하고 계십니다.

직접 책을 보시고 은혜받으시라고 제가 받은 은혜는 뒤로하고 진짜 감동은 책 속에 여울져 흐르니 읽으시고 은혜의 감동에 젖으시기를 바랍니다.

구매는 인터넷 교보문고, 알라딘, 인터파크 도서 영풍문고 반디스루 니스 도서 11번가 YES24에서 온라인으로 구매할 수 있으나 인터넷이나 온라인으로 접근이 어려우신 분은 박 목사님께 말씀하시면 보내드릴 수 있다고 하시니 꼭 읽어보셔요.

2021년 9월 초하루 갈 장마 속에서, 오호윤 서평 올립니다.

▶ 남기탁 목사(복된 교회 원로, 전 부천노회장 공로)

회장님, 『늦깎이 목사의 목회여담』 책이 조금 전 집에 도착하여 들어오면서 방에 이동시켜 놨습니다. 좌우지간 애를 많이 쓰셨습니다. 회장님, 목회여담은 100page까지 읽었는데 문장 흐름이 좔좔합니다. 그리고 삶의 굴곡이 있어서 긴장감을 느끼며 읽습니다. 나는 이렇게 재미있고, 애절하며, 실감 나게 못씁니다. 정말 감동적입니다. 뒤쪽에는 더 기대됩니다. 수고하셨습니다.

▶ 김원태 목사(황현교회 원로, 전 부천노회장, 공로)

보내주신 『늦깎이 목사의 목회여담』 잘 받았습니다. 박춘환 목사님은 큰 은혜 받은 자입니다. 먼저는 하나님 특별하신 은혜요 둘째는 믿음의 조성들로부터 은혜이네요. 사도 바울의 고백이 박춘환 목사님의 고백이라 생각됩니다. 모든 영광을 하나님께 돌려드림이 우리가 모두 할 일이라 생각됩니다. 책 출간하시느라 수고하셨습니다. 감사합니다.

▶ 윤대영 목사(주 예수교회 원로, 전 부천노회장 공로, 칼럼니스트)

회장님의 자서전이라 축하합니다. 저는 출판 축하 때 받겠습니다. 삭혀서 먹는 홍어가 제맛이듯 작가의 따뜻한 손을 잡고 받는 저서는 작가를 받는 것으로 생각해서 꼭 참겠습니다.

▶ 김상진 목사(부천노회 전 일본선교사)

회장님의 자서전 출간을 축하드립니다. 회장님 책을 기다리고 있었습니다.

정성 들여 쓴 '목회여담'을 받고 먼저 감사함부터 드립니다. 전체를 자세히 읽어보기에 앞서 우선 살펴보고 그 어렸을 때부터 지금까지 성실하게 살아오신 것 같아 주 하나님께 감사와 영광을 돌립니다.

▶ 곽태문 목사(소망교회 원로, 전 부천노회장 공로)

샬롬. 부천노회 은퇴목사회 회장 박춘환 목사님의 자서전을 읽은 노회 회원들의 반응이 아주 뜨겁습니다. 우리 은퇴목사회 회원 목사님들께서도 이른 시일 안에 성 삼위 하나님의 은혜 아래 만나 뵙고 축하 파티해드리면 좋을 듯합니다. 참 귀한 일이기에 의견을 여쭙고 기대해봅니다. 회장 박춘환 목사님 축하드리며 축복합니다.

▶ 이수행 목사(부천노회 은목회)

박춘환 목사님! 오늘 정성 들인 『늦깎이 목사의 목회여담』 잘 받았습니다. 감사히 보겠습니다. 롬12:3에 각 사람에게 나누어 주신 믿음의 분량이 있다는 것을 늘 생각하는데 박 목사님의 책을 대하면서 여러 모습을 은혜로 받아들일 것 같습니다. 박 회장님의 여생에 더 큰 하나님의 은혜가 같이 하시기를 기원합니다. -Shalom-

▶ 황호익 목사(부천노회 은목회)

회장 목사님 감사합니다. 심혈을 기울여 쓰신 귀한 책 잘 받았습니다. 고맙습니다. 잘 읽고 귀한 양식 삼겠습니다. 가을 날씨에 더욱 건강하시고 복되세요.

▶ 윤복열 목사(전 부천노회 은목회장, 전 부천노회 부회장)

박 회장님 보내주신 책을 잘 읽고 음미 감상하겠습니다. 다시 감사합니다. '목회여담' 잘 읽어볼게요. 찬사는 읽고 나서 하겠습니다. 감사합니다. 하여튼 대단하십니다. 나이는 숫자에 불가합니다.

▶ 박소열 목사(부천노회 은목회)

샬롬! 목사님 책 잘 받았습니다. 감사합니다.

▶ 양성은 목사(부천노회 은목회)

귀한 책 받고 감사드립니다. 축하드립니다.

▶ 인광운 목사(부천노회 은목회)

지금, 막 보내주신 고귀한 선물 잘 받았습니다. 바쁜 시간 쪼개어 귀한 회고록 쓰시느라 수고 많으셨습니다. 감사합니다.

▶ 김영실 목사(부천교회 담임)

목사님 귀한 책 감사합니다. 너무 잘 쓰셨네요. 감동입니다. 목사님 귀한 선물 감사드립니다. 환절기에 강건하세요. 늘 존경합니다.

▶ 최대길 목사(시흥 명성교회 담임)

세월아, 그렇게 살았노라.

후회 없이 살자고 조심스레 걸어 온 발걸음

돌아보니 구구절절 사연마다 은혜였노라

마지막 발걸음 이제라도 후회 없이

멋진 작품 남김이 사명으로 사소서

수고했습니다. 잘했습니다.

제목도 제대로 표지사진도 작품이라

『늦깎이 목사의 목회여담』 잘 읽어보리라.

▶ 박승선 장로(안산제일교회, 전 교장)

목사님, 어제 김희준 집사로부터 『늦깎이 목사의 목회여담』 회고록 잘 받았습니다. 오늘도 평안하시고 건강하시기 바랍니다.

▶ 배동호 목사(서울 창성교회 담임)

보내 주신 책은 잘 받았습니다. 목사님께서 배구부 주장도 하시고 통역병도 하시고 경찰관도 하시고…. 대단하십니다. 책 잘 보겠습니다. 감사합니다.

▶ 신재철 회장(김포양로원 이사장)

아멘 축하합니다. 감사드립니다. 감동하였습니다. 늘 건강하세요.

▶ 오종식 장로(광양제일교회, 전 광양 읍장, 광양제철 이사)

귀한 선물을 받고 빨리 연락 못 드렸네. 죄송한 마음이네.

글을 쓴다는 것, 그것도 살아 온 발자취인 자서전을 쓴다는 것이 얼마나 어렵고 힘든 일인지 조금은 아네. 참으로 어려운 일을 했네. 존경하며 축하드리네.

▶ 정성태 사장(전 광주경찰서 수사계장)

늦깎이 목사님 박춘환!!! 다섯 분의 추천사 말씀 내용의 찬사로 모든 독자분이 더욱더 감탄할 것으로 생각하네. 나 역시 감동이네. 훌륭하신 박춘환 친구 "아자"건강하고 영원하길 기원하네.

▶ 김장 사장(전 방배경찰서 형사계장)

『늦깎이 목사의 목회여담』 잘 읽었네. 깊은 감명을 받았네. 아주 고맙네. 항상 건강하시게

▶ 서영석 목사(여수노회 세포교회 담임)

선배 목사님 보내주신 책 감사합니다. 잘 읽겠습니다. 감사합니다. 서영석 목사 올림.

▶ 박홍길 목사(강원노회 북평교회 담임)

보내주신 책 잘 받았습니다. 늘 건강하시고 행복한 박춘환 목사님 되세요, 존경합니다.

▶ 심재선 목사(서울동노회장 전 총회부흥전도단장)

목사님 『늦깎이 목사의 목회여담』 받았습니다. 대단하십니다. 아직 읽지 못해 꼭 읽고 교훈을 받겠습니다. 감사합니다.

▶ 함종윤 목사(예 드림 선교단장, 부산)

축하드립니다. 보내주신 책 잘 받았습니다. 감사합니다. 늘 건강하세요.

▶ 박기천 목사(인천 사랑의 교회 원로 목사 전 인천노회장)

그 바쁘신 중에도 마음의 여유와 안정을 찾으시고 집필을 하고 한 권의 책을 출판하셨으니 정말 대단하시고 존경스럽습니다. 축하드립니다.

한 권의 책을 낸다는 것이 그리 쉽지 않고 문학적 소질과 필력이 요구되는데 형님의 글 『늦깎이 목사의 목회여담』은 전체적인 구성이나 내용상의 표현력이 읽는 이의 마음을 감동하게 하고 사로잡는 매력을 느끼게 합니다.

한편의 인생 드라마요 멋진 걸작품이 아닐 수 없습니다. 현재의 고난은 장차 받을 영광과 족히 비교할 수 없다고 하셨고 하나님 그분이 우리의 가는 길을 아시거니와 우리를 단련한 후에는 정금과 같이 나오리라는 말씀이 두 분에게 그대로 이루어졌으니 불기둥 구름기둥으로 지켜 인도해 주신 하나님의 은혜와 사랑에 감사하고 이제부터는 두 분의 여생이 비 온 후 눈부시게 비치는 햇빛처럼 찬란하고 행복의 나래를 활짝 펴고 소망의 나라를 향해 믿음의 노를 힘차게 저어 가며 한 걸음 한 걸음 꽃길만 걸어가시기를 소망하고 기도합니다.

출판을 다시 한번 축하드리고 두 분의 인간 승리를 배우며 따르렵니다.

사랑하고 축복합니다. 인천에서 못난 아우가 드림.

▶ 박정환 목사(서울노회 양평교회 원로)

박춘환 목사님 출판을 축하합니다. 수고하셨습니다. 감사합니다.

▶ 이강섭 목사(인천교회 원로)

박춘환 목사님 출판을 축하합니다. 사랑합니다. 감사합니다.

▶ 김동호 목사(청석교회 원로 전 충북노회장)

형! 『늦깎이 목사의 목회여담』 잘 보고 있습니다. 표지사진 정말 멋지게 나왔네요. 보는 사람마다 칭찬한다오. 축하드립니다.

▶ 임만재 목사(용원교회 원로)

회장님 『늦깎이 목사의 목회여담』 잘 읽었습니다. 재미도 있고 파란만장한 인생길 나 같으면 분명 미국 갔을 텐데 아쉽네요. 감사합니다.

▶ 조남희 선교사(타지키스탄)

박춘환 목사님의 『늦깎이 목사의 목회여담』 출판을 축하드립니다. 존경하고 사랑합니다.

▶ 정성현 목사(순천성남교회 원로, 전 순천남노회장)

형님 표지사진이 멋있어서 한 권 주문했습니다. 거금 11,700원 들었습니다. 형님보다 형수님이 더 멋지십니다. 모레쯤 책이 올 것 같습니다. 잘 읽겠습니다. 감사합니다. 인터넷서점 YES24에 들어가서 책 이름 치니까 형님 책 나오던데요. 대박 나시기 바랍니다.

▶ 김영섭 목사(황전 중앙교회 담임, 순천성서신학원이사장)

박 목사님, 귀한 책 출판 축하드립니다. 『늦깎이 목사의 목회여담』 귀한 책 다 읽었습니다. 목사님 주변에 훌륭한 신앙의 본을 보이신 분들이 많이 계셔서 그 영향이 컸던 것으로 봅니다.

특히 남자에게는 어머니와 아내가 끼치는 영향이 큰데 바로 목사님도 그중의 한 분이심을 보여주고 있는 감동 그 자체, 눈시울을 뜨겁게 적시네요.

책 10권을 구매하렵니다. 계좌번호 알려주십시오. 귀한 책 너무 감사합니다.

목사님은 神福! 人福! 金福! 이 세 가지 복을 받으셨습니다. 대단하십니다. 앞으로 계속 이런 복 가운데 사시기 바랍니다. 노년의 행복과 건강을 기원합니다. 감사합니다.

▶ 이성재 목사(낙안중앙교회 담임 전 순천남노회장)

『늦깎이 목사의 목회여담』 출간을 축하드립니다. 평소 구수하고 재담 있으시며 사려 깊은 입담으로 우리 형제 회 등대 역할을 하신 형님께서 팔순의 고령에도 불구하고 저술하시니 본보기가 됩니다. 『늦깎이 목사의 목회여담』 기대됩니다. 첫 번째 구매자를 뺏겨서 아쉽습니다. 감사합니다.

인터넷 주문을 해야 저자 실적을 올려줍니다. YES24치고 들어가서 책 이름 넣으면 주문할 수 있습니다. 그것이 형님 도와 드리는 것입니다.

▶ 박준수 목사(정읍 대산교회 담임)

형님 바쁘신데 책까지 쓰셨네요. 제가 좀 늦었습니다. 죄송합니다. 그리고 축하드립니다. 큰형님 책 고맙습니다.

▶ 김환영 목사(순천 해룡 교회 담임)

샬롬! 목회자의 귀한 대박 작품이 되시기를 소망하면서 축하드립니다.

▶ 김명석 목사(구례제일교회 담임)

형님 목사님 잘 계시는가요? 보내주신 『늦깎이 목사의 목회여담』 책이 도착했습니다. 잘 보고 은혜받고 도전받아 남은 목회 참고하겠습니다. 늘 건강하시고 언제 한번 구례 놀러 오세요. 감사합니다.

▶ 이봉근 목사(삼례제일교회 담임)

목사님 감사합니다. 계좌번호 좀 보내주세요. 잘 읽겠습니다. 늘 건강하시기를 빕니다. 감사합니다.

▶ 염규석 목사(광주세움교회 담임)

감사합니다. 형님 나리, 늘 건강히 지내십시오. 형님 나리, 보내주신 책 잘 읽고 있습니다. 존경합니다. 사랑합니다. 역시 우리 형님 멋지십니다.

▶ 심태식 목사(전주화평교회 담임, 전 총회연금재단이사장)

형님 감사합니다. 항상 건강하옵소서. 사랑하고 존경합니다.

▶ 김재근 목사(여수두두림교회 원로)

형님 보내주신 책 잘 받았습니다. 정말 존경합니다. 언제 그렇게 쉬지 않고 공부하여 박사 학위까지 받으셨습니까? 정말 대단하십니다. 형님, 형수님과 함께 건강하고 행복한 여생 되시기를 기도드립니다. 여수에서 아우 올림.

▶ 김영진 목사(보령 시온교회)

목사님, 귀한 책 잘 받아 읽으며 감동하였습니다. 감사합니다. 더욱 건강하시고 평생의 사역 더욱 잘 감당하시기를 기도합니다. 감사합니다.

▶ 최정원 목사(광주소망교회 담임)

우리 목사님의 마음이 담긴 책 잘 읽겠습니다. 건강하세요. 감사 감사합니다.

▶ 장호선 생질(진주)

안녕하십니까? 외삼촌^^ 건강하시지요? 좋은 책을 내셨군요. 꼭 일독하겠습니다. 방금 YES24로 주문했습니다. 재밌어 보여서 주문했지요. 외숙모랑 모두 항상 건강히 지내십시오.

▶ 박진수 목사(상담목회자, 아들)

책 잘 읽고 있습니다. 글 너무 재밌게 잘 쓰셨네요. 대단하세요. 솔직히 많이 감동하였습니다. 수고하셨습니다.

▶ 장필순(교사)

목회를 마치시고 인생을 뒤돌아보며 쓰신 삶의 이야기가 마음에 많이 크게 와 닿습니다. 인생 여정에서 힘들고 지치고 포기하고 싶은 순간들이 있을 때도 주님이 지금도 나와 함께 하신다는 말씀을 굳게 잡고 믿음으로 기도하고 참고 인내하며 최선을 다해 사신 멋지신 모습에 박수를 보내드립니다. 동물은 죽어서 가죽을 남기고 사람은 죽어서 이름을 남긴다. 그러나 그리스도인은 간증을 남긴다는 말이 두 분께 걸맞은 것 같습니다. 설교 말씀 읽는 도중에 뭉클뭉클 주신 은혜가 커서 눈물 훔치며 읽었습니다. 감사합니다.

▶ 박영숙 권사(6촌 여제, 주부)

오빠, 건강도 안 좋으신데 장거리 운전하시느라 힘드셨죠? 귀한 저서를 인지대도 드리지 않고 염치없이 받았네요. 너무 재미있어서 그날 밤 다 읽었어요. 박 씨 종가 역사를 다 알게 되어 너무 감동이었어요. 아버지를 통해 가끔 집안 내력을 들었지만, 큰집 할아버지께서 순천 고등성경학교 제1회 졸업생인 것과 그 할아버지의 신앙이 우리 가문 모든 후손까지 하나님의 자녀로 거듭날 수 있는 축복의 통로였

음에 감사를 드립니다. 선조의 좋은 신앙과 인품을 우리 후손들에게
물려 주셨는데 우리 후손이 본받지 못한 것 같아 마음이 아픕니다.
오빠가 고생도 많이 했지만, 하나님의 축복받아 목회자로 쓰임 받는
삶을 보면서 존경하고 사랑합니다. 올케언니와 조카들도 다 성공한
삶을 사는 것을 보며 하나님의 은혜로 여겨 감사를 드립니다. 아무쪼
록 우리 문중 집안 일가들이 건강이나 물질로도 주님 안에서 잘 지
내기를 늘 기도합니다. 항상 건강하시고 행복하셔요.

Epilogue

:

인생은 아름다워라!

필자는 가난한 가정에서 태어나 성장했기에 늘 가난만은 대물림되어서는 안된다고 생각하며 살았다. 부부 공무원으로 살았던 까닭에 주위의 부러움을 사면서 가난의 고리가 끊기는 듯했다. 특히 아내가 공무원을 퇴직한 후 공단을 상대로 사업을 경영하며 상당한 재력을 소유하게 되었다.

필자는 경찰직 공무원을 퇴직하고 외항선을 상대하는 항운 회사의 주주 겸 전무이사로 사업에 발 딛게 되었다. 그리고 진수 환경(주), 신흥사료(주)의 대표이사직을 맡아 의욕 넘치는 사업가로 사기충천한 시절도 있었다. 나는 순풍에 돛 단 요트같이 세상 무서운 줄 모르고 인생 항해를 즐기며 모든 행복이 내 것 인양 가난과는 상관없이 의기양양한 삶을 살았었다.

이 세상 어디에도 영원하며 완전한 것은 없다. 내 맘대로 되는 세상만사도 없고 더구나 영구불변이란 단어조차 그 어디에도 없다는 사실을 회사의 부도로 소유했던 모든 것을 잃은 후에야 깨닫게 되었다. 가난만은 대물림하지 않겠다고 큰소리쳤던 각오조차 오직 나의 희망 사항일 뿐이었다. 내 인생에 실패란 없다고 큰소리치며 살아왔으나 그것은 착각이었다. 오름길이 있으면 내림 길이 있고 낮이 있으면 밤이 있고 봄인가 하면 여름이 되고 풍성한 가을을 오래 즐기려 하니 어느덧 눈보라 치는 겨울이 오듯 내 가정에도 햇빛 찬란한 봄날만 있을 줄 알았는데 드디어 혹한의 세찬 눈보라가 휘몰아치고 말았다.

우리 가정에 연단이 시작되었다. 사업 부도라는 엄청난 회오리가 우리 가정을 덮친 것이다. 상류층 인생에서 처절한 빚쟁이 신세가 되고 말았다. 대학생 1명 고등학생 1명 중학생 2명의 자녀가 오 갈데없는 상황까지 내몰렸다. 사실 신문과 방송을 통해 강제 철거당하고 지인들이 망하여 처자식들이 오갈 데 없어 어려움 당함을 봤지만 나와 상관없는 먼 산 불구경하듯 했었다. 아, 그런데 그런 기막힌 현실이 바로 내게 닥친 것이다.

아내의 기치로 서울 한양대에 입학하여 하숙 생활하던 장녀를 월세방을 마련하여 남은 자녀들을 서울로 전학시켜 자취생활을 시켰다. 그리고 나는 신학교에 입학하는 결단을 내렸다. 눈물겨운 가정사가 시작된 것이다. 나는 시골 마을회관에 동네 아이들을 불러 모아 복음을 전하는 자비량의 목회를 하면서 신학교 생활과 교회(예배당) 건축이라는 삶이 시작되었다. 교회 대지는 친구 임판석 장로님이 매입해 주었으나 건축비가 전무 상태였다. 하나님 은혜로 건축을 마치고 그곳을 떠나 조부께서 생가를 헌납하여 세운 순천노회 황금교회의 11대 목회자로 부임하여 5년 6개월을 시무했다. 내가 받은 전도사의 첫 사례비는 쌀 2말과 현금 16만 5천 원이 고작이었다. 사실 하룻저녁 식사비 정도의 사례비를 받으며 눈물의 세월을 보냈다. 그때를 돌이켜 보면 기적이라고밖에 다른 설명이 불가능하다.

호남신학대학교와 장로회신학대학원을 졸업하여 목사안수를 받을 때까지 만학하던 시절과 서울로 보내진 자녀들의 학비와 생활비, 그리고 토요일과 주일을 택하여 찾아온 빚쟁이들, 설상가상 태풍으로 인한 교회와 사택까지 쓰러진 한계상황에 맞닥뜨려 삶의 한계를 느끼기도 했다. 그러나 내게 달린 처자식들이 눈에 어른거렸다.

그 상황을 모면할 수 있는 길은 오직 기도뿐이었다. 욥이란 분이 필자의 롤 모델(Role model)이었다. 그는 온전하고 정직하여 하나님을 경외하며 악에서 떠난 사람이었지만 일곱 명의 아들과 세 딸 등 10남매와 양 7,000마리, 낙타 3,000마리, 소 500마리, 암나귀 500마리며 많은 종을 부리던 동방에서 가장 부하고 훌륭한 자라고 소개하고 있다. 그런 사람에게도 시련과 환란이 닥친 것이다. 사랑하는 자녀들과 가졌던 모든 소유물을 동시다발적으로 모두 잃는 최악의 상황에 직면하고 말았다. 그뿐만 아니라 온몸에 악창과 주위의 친구들 심지어 아내마저도 그를 저주하며 떠나버린 극한 상황 속에서도 하나님께 매달려 기도 했던 사람이었다. 하나님께서는 욥의 기도를 들으시고 그의 말년에 갑절로 복을 받게 하신다. 욥뿐만 아니라 기도의 사람 다윗은 환란 중에 부르짖었고, 다니엘은 사자 굴에서, 요나는 물고기 배 속에서, 예수님은 골고다 십자가상에서, 스데반은 돌무더기 속에서, 바울은 감옥에서 그 어떤 형편과 상황에서도 생명의 위협을 느끼며 기도하였다.

필자가 감히 예수님, 다윗, 다니엘, 요나, 스데반, 바울, 욥을 인용하는 것은 억 만분지 일이라도 닮고 싶은 믿음 때문이다. 그렇다고 필자가 인류구원을 위한 사역이나 국가와 세계사를 바꾸자는 기도가 아니라 욥의 기도를 약간만 본받아도 필자를 향한 하나님의 회복시키심을 맛볼 수 있겠다는 생각을 가졌기 때문이다. 다시 말하면 필자가 당한 환란을 갑절로 회복시켜 주시기를 원하는 기도였다.

"너는 내게 부르짖으라, 내가 네게 응답하겠고 네가 알지 못하는 크고 은밀한 일을 네게 보이리라"라는 말씀을 부여잡고 철저하게 회개하며 기도드렸다. 역시 기도는 인생살이의 통로이며 하늘 문을 여는 열쇠이다. 눈물의 기도는 응답이 빠르다. 기도는 성도의 무기이며 호흡이다.

필자 내외는 이스라엘 민족이 40년의 광야 생활 중에서도 홍해가 갈라지고 반석에 물이 나며 만나와 메추라기를 보내시고 마라의 쓴물이 단맛으로 변하게 하여 하루 동안이 아니라 한때도 굶지 않게 하여 낮에는 구름 기둥, 밤에는 불기둥으로 인도하신 하나님의 기적을 우리에게도 베풀어 주시기를 애원하며 기도드렸다. 눈물의 기도로 밤을 지새웠고 금식하며 기도로 매달렸다. 월요일 새벽기도를 마친 후 첫차로 광주 호남신학교와 서울 장로회신학대학원에 등교하여 금요일 밤에 귀가하는 혹독한 연단을 받았다.

아내는 월요일부터 금요일까지 외딴 교회를 지키며 낮에는 전도하며 농사로 방치된 아이들을 교회로 데려와 돌보며, 밤에는 눈물의 기도로 낙타 무릎이 될 때까지 매달렸다. 차디찬 교회 바닥에서 자녀들과 필자의 등록금고지서를 안고 울며 기도했다. 그때마다 어제나 오늘이나 영원토록 동일이신 하나님의 기적을 맛보게 하셨다. 태풍으로 쓰러진 교회와 사택의 재건축을 하도록 기적을 맛볼 수 있게 하셨다. 교회 창립 이후 15인승 승합차와 상수도 시설이 되지 않은 교회와 사택에 지하 수도를 개설할 수 있게도 하셨다. 비포장지방도로를 이용하던 교회 진입로에 시멘트 포장과 아스팔트도 깔게 되는 기적을 맛볼 수 있었다. 이러한 기적을 당시 지역구 국회의원 김재호 의원(장로님)과 군수 서장 정기준 친구 등 사람을 통해 이루심을 볼 수 있었다.

또한 빚쟁이들은 체면도 염치도 배려도 아량도 없다. 아무도 없는 사택을 찾아와 방문을 발로 차고 들어가 난장판을 치는가 하면 토요일과 주일예배 중 찾아와 빚 독촉에 혈안이 되기도 했다. 그런 상황임에도 불구하고 하나님께서는 빚쟁이들의 마음을 감동 감화시켜 오히려 빚을 탕감받을 수 있는 기회가 되게 하셨다. 사택에 찾아왔던 어느 빚쟁이는 천이백만 원을 탕감해 주었고 신학교를 찾아온 빚쟁이는 3천만의 빚을 탕감해 주며 또 어떤 분은 쌀값을 주기도 하고, 행패 부리던 청년은 비암(鼻癌)으로 먼저 데려감을 당하는 무서운 경험을 하게 하셨다.

필자와 자녀들의 등록금은 내 평생 잊지 못할 도움의 손길들을 통해 남지도 모자라지도 않은 기적을 맛보게 하셨다. 존경하는 박병돈 목사님으로부터 호남신학교의 4학기 장학금을, 정숙자 목사님(김재호 국회의원 부인)을 통해 장로회 신학대학원에 재학하는 동안 자녀들과 함께 살 수 있는 전세금과 2학기분의 등록금을 보조해 주시었다. 그뿐만 아니라 외숙 김형모 박사님 내외분과 외사촌 누나 김의자 권사님과 매형 권명달 보이스사 회장님과 충자, 은규, 회규, 영규 동생들을 통해 신학교와 대학원 등록금을 보조받을 수 있었다, 그 외에도 윤계한 목사님, 박용훈 장로님, 김순희 권사님, 그리고 제주 우체국소인이 찍힌 무명 독지가의 도움을 통해 개척교회를 목회하면서도 부흥 사역에 쓰임 받을 수 있도록 도와주신 모든 분께 하나님의 은혜가 충만하시기를 위해 기도드린다. 끝으로 누나들과 제수들의 도움에 감사하고 끝까지 남편을 위해 헌신해준 아내에게 재삼 고마움을 전한다.

하나님께서 이스라엘 민족 40년 광야의 기적을 필자의 10년 연단 기간 통해 이 모습 저 모양으로 해결해 주신 것을 무한 감사드린다.

인생사 영원한 것은 아무것도 없다. 건강도 성공도 행복도, 반면에 아픔도 실패도 불행도 좌절과 부도도 영원하지 않다. 다만 필자의 일생이 흙수저 출신이며 늦깎이 목사일지라도 주 안에서 꿈을 갖고 정직과 성실 그리고 믿음(신앙)으로 기도하면 그 어떤 환경에서든지 회복과 성공의 삶을 맛보게 된다. 필자는 붉게 물든 석양 노을이 질 때까지 사랑하는 아내, 자랑스러운 자손들, 동기간들과 일가친척 친지들, 그리고 도와주신 모든 분과 교회, 노회, 총회, 국가와 민족을 위해 기도하는 여생을 보내고 싶다.

2022년 8월 서재에서
100세 시대 은퇴 후 글 쓰는
박춘환 목사